НАЙ-ВЪЛШ
ГОТВАРС.
ХРАНЕНИЕ ЗА ВЪНШЕ

100 апетитни рецепти с красиво оцветени изображения, които ще ви помогнат да повторите любимите си китайски ястия за вкъщи

Рая Бележкова

СЪДЪРЖАНИЕ

ВЪВЕДЕНИЕ

Китайската храна за вкъщи е популярен избор за лесна храна, която може да бъде доставена до дома ви.
Takeout at Home е изчерпателна китайска готварска книга, която предлага автентични и лесни за следване рецепти за любимите ви китайски ястия за вкъщи. Независимо дали сте почитател на пикантната сечуанска кухня или жадувате за пикантните вкусове на кантонските ястия, тази готварска книга има всичко.
В тази готварска книга ще намерите 100 апетитни рецепти за разнообразие от китайски ястия, включително предястия, предястия, супи и десерти. Всяка рецепта е лесна за следване и включва подробни инструкции, както и информация за използваните съставки и тяхното културно значение в китайската кухня.
За да направите вашето готварско изживяване още по-приятно, всяка от 100-те рецепти идва с красиво оцветено изображение. Има 100 цветни снимки (по една за всяка рецепта), които ви помагат да копирате любимите си китайски ястия за вкъщи с лекота.
Независимо дали сте нов в китайската кухня, или сте опитен готвач, Takeout у дома е идеалната готварска книга за вас. С неговите автентични рецепти и лесни за следване инструкции можете да се насладите на любимите си китайски ястия от уюта на собствения си дом
Какво ще стане, ако можете да приготвите същите или по-качествени ястия на малка част от цената, познавайки всяка съставка в храната си, без да жертвате вкуса? Това звучи като печелившша комбинация и тази книга с китайски рецепти за храна за вкъщи изпълнява това обещание!

1. Сладко-кисело пиле

Прави: 8

СЪСТАВ:

- 1 (8 унции) консерва на хапки ананас, отцедени (сокът е запазен)
- ¼ чаша царевично нишесте
- 1¾ чаши вода, разделена
- ¾ чаша бяла захар
- ½ чаша дестилиран бял оцет
- 2 капки оранжев хранителен цвят
- 8 половинки пилешки гърди без кожа и кости, нарязани на кубчета
- 2 ¼ чаши самонабухващо брашно
- 2 супени лъжици растително масло
- 2 супени лъжици царевично нишесте
- ½ чаена лъжичка сол
- ¼ Чаена лъжичка смлян бял пипер
- 1 яйце
- 1 ½ чаши вода

- 1 литър растително масло за пържене
- 2 зелени чушки, нарязани на парчета от 1 инч

ИНСТРУКЦИИ:

a) В тиган добавете 1 ½ чаша вода с оцет, сок от ананас, захар и портокалов хранителен оцветител. Оставете да се готви, докато заври на разстояние от огъня.

b) Сега комбинирайте ¼ чаша царевично нишесте с ¼ чаша вода и изсипете в тиган, като непрекъснато разбърквате. Поставете настрана.

c) В купа добавете брашно, 2 супени лъжици царевично нишесте, яйце, 2 супени лъжици олио, сол и бял пипер. Смесете добре.

d) Сега добавете парчета пиле в това тесто и разбъркайте.

e) Загрейте олио в тиган и добавете парчета пиле, запържете до хубаво кафяво.

f) Прехвърлете в чиния за сервиране с чушка и парче ананас и отгоре полейте с лют сос.

2. Торти със зелен лук

Прави: 8

СЪСТАВ:

- 3 чаши брашно за хляб
- 1 ¼ чаши вряща вода
- 2 супени лъжици растително масло
- Сол и черен пипер на вкус
- 1 връзка зелен лук, нарязан на ситно
- 2 супени лъжици растително масло

ИНСТРУКЦИИ:

a) В купа добавете брашното и водата, омесете тесто и го покрийте с найлоново фолио. Оставете за 30 минути.

b) Разделете тестото на 16 равни части и разточете всяка на лист с дебелина ¼ инча.

c) Намажете с олио и овкусете със сол и черен пипер.

d) Добавете 1 супена лъжица зелен лук и навийте в стил пура.

e) Разточете отново на ¼ инчов лист.

f) Загрейте олио в тиган и изпържете всяка питка до хубаво златисто от двете страни.

g) Сервирайте и се насладете.

3. Пиле Кунг Пао

Прави: 4

СЪСТАВ:

- 1 паунд половинки пилешки гърди без кожа и кости, нарязани на кубчета
- 2 супени лъжици бяло вино
- 2 супени лъжици соев сос
- 2 супени лъжици сусамово масло, разделени
- 2 супени лъжици царевично нишесте, разтворено в 2 супени лъжици вода
- 1 унция люта чили паста
- 1 чаена лъжичка дестилиран бял оцет
- 2 супени лъжици кафява захар
- 4 зелен лук, нарязан
- 1 супена лъжица нарязан чесън
- 1 (8 унции) кутия водни кестени
- 4 унции нарязани фъстъци

ИНСТРУКЦИИ:

a) В купа добавете 1 супена лъжица соев сос, олио, 1 супена лъжица вино, царевично нишесте и разбъркайте добре.
b) Добавете парчета пиле и разбъркайте, за да се комбинират.
c) Покрийте и поставете в хладилника за 30 минути.
d) В тенджера добавете 1 супена лъжица вино, олио, 1 супена лъжица соев сос, царевично нишесте, лук, водни кестени, фъстъци и чесън. Гответе 5-10 минути.
e) В отделен тиган добавете пилешкото и запържете за 10-15 минути и след това прехвърлете в соса.
f) Гответе 10-15 минути и след това изключете котлона.

4. Китайски ребра

Прави: 2

СЪСТАВ:

- 3 супени лъжици сос Хойсин
- 1 супена лъжица кетчуп
- 1 супена лъжица мед
- 1 супена лъжица соев сос
- 1 супена лъжица саке
- 1 чаена лъжичка оризов оцет
- 1 чаена лъжичка лимонов сок
- 1 чаена лъжичка настърган пресен джинджифил
- ½ чаена лъжичка настърган пресен чесън
- ¼Чаена лъжичка китайски пет подправки на прах
- 1 паунд свински ребра

ИНСТРУКЦИИ:

а) В купа добавете мед, кетчуп, соев сос, сос hoisin, саке, лимонов сок, оризов оцет, джинджифил, пет подправки на прах и чесън. Хвърлете, за да комбинирате.

b) Добавете ребра в тази смес и разбъркайте, за да покриете добре. Поставете в хладилника за 2-3 часа.

c) Загрейте фурната на 325 градуса.

d) Добавете вода в тавата за бройлери, така че дъното да е покрито. Поставете решетката в опитайте и прехвърлете ребрата върху тази стойка.

e) Прехвърлете решетката във фурната.

f) Оставете да се готви 40 минути до златисто кафяво.

g) Сервирайте горещо и се насладете.

5. Пържен ориз с пиле по китайски

Прави: 4

СЪСТАВ:

- 1 яйце
- 1 супена лъжица вода
- 1 супена лъжица масло
- 1 супена лъжица растително масло
- 1 лук, нарязан
- 2 чаши варен бял ориз, студен
- 2 супени лъжици соев сос
- 1 чаена лъжичка смлян черен пипер
- 1 чаша варено, нарязано пилешко месо

ИНСТРУКЦИИ:

a) Вземете купа, добавете вода и яйце, разбийте добре.

b) Разтопете маслото в тиган, добавете нашата яйчена смес и гответе за 1-2 минути. Нарежете на парчета, след като свалите от огъня.

c) Вземете тенджера и загрейте олио, запържете лука за 1-2 минути.
d) Добавете пилето, соевия сос, черния пипер и запържете за 5 минути.
e) Сега добавете сварено яйце и сварен ориз, разбъркайте добре и изключете котлона.
f) Сервирайте.

6. Сечуанска скарида

Прави: 4

СЪСТАВ:

- 4 супени лъжици вода
- 2 супени лъжици кетчуп
- 1 супена лъжица соев сос
- 2 супени лъжици царевично нишесте
- 1 чаена лъжичка мед
- ½ чаена лъжичка смлян червен пипер
- ¼ чаена лъжичка смлян джинджифил
- 1 супена лъжица растително масло
- ¼ чаша нарязан зелен лук
- 4 скилидки чесън, смлени
- 12 унции варени скариди, отстранени опашки

ИНСТРУКЦИИ:

а) Вземете съд и смесете кетчуп, вода, соев сос, черен пипер, мед, джинджифил и царевично нишесте. Поставете настрана.

b) Загрейте олио в тиган и запържете лука с чесъна за 1-2 минути.

c) Сега добавете скариди и запържете за 5 минути.

d) Изсипете соса и разбъркайте добре.

e) Гответе 10-15 минути на умерен огън или докато сосът стане на мехурчета.

7. Говеждо и броколи в стил ресторант

Прави: 4

СЪСТАВ:

- ⅓ чаша сос от стриди
- 2 супени лъжици азиатско (препечено) сусамово масло
- ⅓ чаша шери
- 1 чаена лъжичка соев сос
- 1 чаена лъжичка бяла захар
- 1 чаена лъжичка царевично нишесте ¾ паунд телешка кръгла пържола, нарязана на ивици с дебелина ⅛-инча
- 3 супени лъжици растително масло, плюс още, ако е необходимо
- 1 тънък резен пресен корен от джинджифил
- 1 скилидка чесън, обелена и натрошена
- 1 килограм броколи, нарязани на цветчета

ИНСТРУКЦИИ:

а) В средна купа добавете сусамово масло, захар, соев сос, царевично нишесте, сос от стриди и шери, разбъркайте добре.

b) Добавете парчета пържоли и разтрийте сместа върху пържолите с чисти ръце. Поставете в хладилника за 30 минути.
c) Загрейте олио в тиган и запържете джинджифиловия чесън за 1-2 минути.
d) Извадете джинджифила и чесъна и добавете броколите и запържете за 6-7 минути. Прехвърлете в чиния и оставете настрана.
e) Сега в същата тенджера добавете пържоли и оставете да се готвят, докато омекнат.
f) Прехвърлете пържените броколи и гответе 4-5 минути.
g) Сервирайте и се насладете.

8. Генерал Пиле

Прави: 6

СЪСТАВ:

- 4 чаши растително масло за пържене
- 1 яйце
- 1 ½ паунда пилешки бутчета без кости и кожа, нарязани на кубчета
- 1 чаена лъжичка сол
- 1 чаена лъжичка бяла захар
- 1 щипка бял пипер
- 1 чаша царевично нишесте
- 2 супени лъжици растително масло
- 3 супени лъжици нарязан зелен лук
- 1 скилидка чесън, смлян
- 6 сушени цели червени люти чушки
- 1 лента портокалова кора
- ½ чаша бяла захар
- ¼ чаена лъжичка смлян джинджифил
- 3 супени лъжици пилешки бульон

- 1 супена лъжица оризов оцет
- ¼ чаша соев сос
- 2 супени лъжици сусамово масло
- 2 супени лъжици фъстъчено масло
- 2 супени лъжици царевично нишесте
- ¼ чаша вода

ИНСТРУКЦИИ:

a) В купа добавете яйцата, солта, белия пипер, 1 чаша царевично нишесте, захарта и разбийте добре.

b) Добавете пилешките кубчета, разбъркайте добре.

c) Загрейте 3 чаши растително масло в тиган и добавете пилешките кубчета и оставете да се готвят до златисто кафяво.

d) След това прехвърлете върху хартиена кърпа и отцедете излишното масло.

e) В тенджера загрейте 2 супени лъжици растително масло и задушете лука, портокаловата кора, лютите чушки и чесъна за 1-2 минути.

f) Сега добавете пилешки бульон, 1,2 чаша захар, оцет, сусамово масло, джинджифил, соев сос и фъстъчено масло. Оставете да поври 3 минути.

g) Във вода добавете 2 супени лъжици царевично нишесте, разбъркайте добре и изсипете в тенджера при непрекъснато бъркане. Гответе 1-2 минути.

h) Сега добавете пилето и оставете да се готви, докато сосът се сгъсти.

i) Сервирайте и се насладете.

9. Азиатска пилешка салата

Прави: 6

СЪСТАВ:

- 2 супени лъжици кафява захар
- 2 супени лъжици соев сос
- 1 супена лъжица сусамово масло (по избор)
- ¼ чаша растително масло
- 3 супени лъжици оризов оцет
- 1 (8 унции) пакет изсушени оризови юфки
- 1 глава салата айсберг - изплакната, изсушена и нарязана
- 4 половинки пилешки гърди без кости, сварени и настъргани
- 3 глави зелен лук, нарязан
- 1 супена лъжица сусамово семе, препечено

ИНСТРУКЦИИ:

а) Вземете купа и добавете соев сос, кафява захар, олио за салата, сусамово олио, оризов оцет, разбъркайте добре и оставете настрана за 30 минути.

b) В тенджера добавете няколко капки олио с фидето и запържете добре. Гответе, когато изскочи добре.

c) В купа добавете настъргано пиле, сусамово семе от маруля айсберг и зелен лук, разбъркайте, за да се комбинират. Поставете в хладилник за 10 минути.

d) Добавете сварената юфка и разбъркайте добре.

e) Поръсете дресинга върху салатата и сервирайте.

10. Китайски пипер стек

Прави: 4

СЪСТАВ:

- 1 паунд телешка пържола от филе, нарязана на 1 инчови филийки.
- ¼ чаша соев сос
- 2 супени лъжици бяла захар
- 2 супени лъжици царевично нишесте
- ½ чаена лъжичка смлян джинджифил
- 3 супени лъжици растително масло, разделени
- 1 червен лук, нарязан на 1-инчови квадратчета
- 1 зелена чушка, нарязана на 1-инчови квадратчета
- 2 домата, нарязани на филийки

ИНСТРУКЦИИ:

a) В купа добавете царевично нишесте, джинджифил, соев сос и захар, разбъркайте, за да се комбинират.

b) Добавете пържолите и разбъркайте добре.

c) Загрейте 1 супена лъжица олио в тенджера и запържете пържолите в сгорещено олио до приятен загар.
d) Добавете лука и оставете да се готви, докато лукът омекне.
e) Добавете зеления пипер и разбъркайте добре.
f) Когато пиперът започне да променя цвета си, добавете доматите и разбъркайте добре.
g) Гответе 3-4 минути и след това прехвърлете в чиния за сервиране.
h) Наслади се.

11. Азиатско пиле на скара

Прави: 4

СЪСТАВ:

- ¼ чаша соев сос
- 4 супени лъжици сусамово масло
- 2 супени лъжици мед
- 3 резена пресен корен от джинджифил
- 2 скилидки чесън, счукани
- 4 половинки пилешки гърди без кожа и кости

ИНСТРУКЦИИ:

a) В купа добавете меда, соевия сос, олиото, джинджифила и чесъна, разбъркайте добре. Купата трябва да е подходяща за микровълнова фурна.

b) Поставете в микровълнова за 30 секунди.

c) Добавете пилето и разбъркайте, за да се комбинират.

d) Загрейте скара на среден огън и намажете с масло.

e) Отстранете марината от пилето и изсипете в тенджера. Вари се 1-2 минути. Поставете настрана.

f) Поставете пилето на загрята скара и го запечете до приятно златисто от двете страни.

g) Залейте свареното пиле в марината и гответе още 1-2 минути.

12. Супа от яйца

Прави: 4

СЪСТАВ:

- 2 (14,5 унции) кутии пилешки бульон
- 1 супена лъжица царевично нишесте
- 1 яйце, леко разбито
- 2 супени лъжици нарязан зелен лук

ИНСТРУКЦИИ:

a) В тенджера добавете царевично нишесте и пилешки бульон, разбъркайте добре на среден огън.

b) Сега напръскайте разбитите яйца в тенджерата, като бъркате непрекъснато.

c) Прехвърлете в купи за сервиране и наръсете със зелен лук.

13. Бисквитки с късмети

Прави: 6

СЪСТАВ:

- 1 яйчен белтък
- ⅛ чаена лъжичка екстракт от ванилия
- 1 щипка сол
- ¼ чаша неизбелено универсално брашно
- ¼ чаша бяла захар

ИНСТРУКЦИИ:

a) Загрейте фурната на 355 градуса.

b) Намажете блат с масло.

c) В яйчен белтък добавете ванилия, разбийте до пухкава смес.

d) Добавете пресятото брашно, захарта и солта към яйчената смес и разбийте добре.

e) Прехвърлете 1 супена лъжица тесто върху бисквитени листове на 4 инча един от друг.

f) Придайте кръгла форма на тестото, като наклоните листа.

g) Прехвърлете във фурната и печете 5 минути.

h) След като извадите от фурната, поставете бисквитките върху дървена дъска.

i) Сега поставете съдбата върху бисквитките, така че да центрират, и сгънете бисквитката от половината. Поставете огънатите ръбове през ръба на чашата.

14. Зеленчуков Lo Mein

Прави: 4

СЪСТАВ:

- 8 унции неварени спагети
- ¼ чаша растително масло
- 2 чаши пресни нарязани гъби
- 1 чаша настъргани моркови
- ½ чаша нарязани червени чушки
- 1 лук, нарязан
- 2 скилидки чесън, смлени
- 2 чаши пресни бобови кълнове
- ½ чаша нарязан зелен лук
- 1 супена лъжица царевично нишесте
- 1 чаша пилешки бульон
- ¼ чаша сос Хойсин
- 2 супени лъжици мед
- 1 супена лъжица соев сос
- 1 чаена лъжичка настърган пресен джинджифил
- ¼ Чаена лъжичка лют червен пипер

- ¼ чаена лъжичка къри на прах

ИНСТРУКЦИИ:

a) Вземете тенджера и напълнете с 2-3 чаши вода с ½ чаена лъжичка сол. Оставете да заври.

b) Добавете пастата и гответе 8-9 минути. Отцедете и оставете настрана.

c) Загрейте олио в тиган и запържете гъбите, лука, моркова, чушката и чесъна за 5-6 минути.

d) Добавете боба, зеления лук, кълновете и разбъркайте за 1 минута.

e) Вземете купа, добавете пилешки бульон, царевично нишесте и разбъркайте добре.

f) Изсипете тази смес в запържване.

g) Добавете джинджифил, сос hoisin, лют червен пипер, мед и къри на прах. Разбъркайте добре.

h) Оставете да се готви за 5-10 минути.

i) Прехвърлете спагетите и разбъркайте.

j) Сервирайте.

15. Пиле с лимон

Прави: 6

СЪСТАВ:

- 3 паунда пилешки гърди без кости, нарязани на 2-инчови парчета
- 1 супена лъжица сух шери
- 1 супена лъжица соев сос
- ½ чаена лъжичка сол
- 2 яйца
- 2 чаши растително масло
- ¼ чаша царевично нишесте
- ½ чаена лъжичка бакпулвер
- ⅓ чаша бяла захар
- 1 супена лъжица царевично нишесте
- 1 чаша пилешки бульон
- 1 супена лъжица лимонов сок
- 1 чаена лъжичка сол
- 1 лимон, нарязан
- 2 супени лъжици растително масло

ИНСТРУКЦИИ:

a) Вземете купа и добавете пиле, соев сос, ½ чаена лъжичка сол и шери сос, разбъркайте добре.

b) Покрийте и поставете в хладилника за 20 минути.

c) В отделна купа добавете царевичното нишесте, яйцата и бакпулвера, разбийте добре.

d) Добавете парчета пиле и разбъркайте добре. Поставете настрана.

e) Загрейте 2 чаши олио в дълбок тиган и запържете пилешките парчета на порции.

f) Оставете да се запържат до златисто кафяво.

g) Разстелете върху хартиена кърпа, за да се отцеди излишната мазнина.

h) В купа добавете захар, бульон, 1 чаена лъжичка сол, 1 супена лъжица царевично нишесте резени лимон и лимонов сок, разбъркайте.

i) В тенджера загрейте 2 супени лъжици масло и разбъркайте лимоновата смес.

j) Гответе, докато сосът леко се сгъсти.

k) Полейте пилето и сервирайте.

16. Рак Рангун

Прави: 10

СЪСТАВ:

- Опаковка от 1 (14 унции) малък вон тон
- 2 (8 унции) опаковки крема сирене, омекотено
- 1 чаена лъжичка смлян пресен корен от джинджифил
- ½ чаена лъжичка нарязан пресен кориандър
- ½ чаена лъжичка сушен магданоз
- 3 супени лъжици тъмен соев сос
- 1 паунд месо от раци, настъргано
- 1 литър олио за пържене

ИНСТРУКЦИИ:

a) Загрейте олио в тиган.

b) Вземете купа и добавете соев сос, джинджифил, чесън, кориандър, месо от раци, магданоз и крема сирене, разбъркайте добре.

c) Разстелете опаковката wonton върху чиста повърхност и поставете 1 чаена лъжичка смес от крема сирене върху нея.

d) Сгънете обвивката върху пълнежа, за да оформите триъгълник или полумесец.

e) Намажете ръбовете с вода, повторете същите стъпки за всички опаковки. Покрийте с влажна кърпа.

f) Прехвърлете 3-4 вонтона в сгорещено олио и гответе до златисто кафяво.

g) Поставете върху хартиена кърпа, за да се отцеди излишното масло.

h) Сервирайте горещ.

17. Пържен снежен грах

СЪСТАВ:

- 2 супени лъжици растително масло
- 2 обелени резена пресен джинджифил, всеки с размер на четвърт
- Кошерна сол
- ¾ паунда снежен грах или захарен грах без конци

ИНСТРУКЦИИ:

a) Загрейте уок тиган на средно силен огън, докато капка вода цвърчи и се изпари при контакт. Налейте олиото и завъртете, за да покриете основата на уока. Подправете маслото, като добавите резените джинджифил и щипка сол. Оставете джинджифила да цвърчи в маслото за около 30 секунди, като го разбърквате внимателно.

b) Добавете снежния грах и с помощта на шпатула уок разбъркайте, за да се покрие с масло. Запържете при разбъркване за 2 до 3 минути, докато омекне ярко зелено и хрупкаво.

c) Прехвърлете в чиния и изхвърлете джинджифила. Сервирайте горещ.

18. Запържен спанак с чесън и соев сос

СЪСТАВ:

- 1 супена лъжица лек соев сос
- 1 чаена лъжичка захар
- 2 супени лъжици растително масло
- 4 скилидки чесън, нарязани на ситно
- Кошерна сол
- 8 унции предварително измит бейби спанак

ИНСТРУКЦИИ:

a) В малка купа разбъркайте светлата соя и захарта, докато захарта се разтвори и оставете настрана.

b) Загрейте уок тиган на средно силен огън, докато капка вода цвърчи и се изпари при контакт. Налейте олиото и завъртете, за да покриете основата на уока. Добавете чесъна и щипка сол и запържете, като разбърквате, докато чесънът стане ароматен, около 10 секунди. С решетъчна лъжица извадете чесъна от тигана и го оставете настрана.

c) Добавете спанака към подправеното олио и запържете, докато зелените увяхнат и станат ярко зелени. Добавете сместа от захар и соя и разбъркайте, за да се покрие. Върнете чесъна в уока и го разбъркайте, за да се включи. Прехвърлете в чиния и сервирайте.

19. Пикантно пържено зеле Напа

СЪСТАВ:

- 2 супени лъжици растително масло
- 3 или 4 сушени люти чушки
- 2 обелени резена пресен джинджифил, всеки с размер на четвърт
- Кошерна сол
- 2 скилидки чесън, нарязани
- 1 глава напа зеле, настъргана
- 1 супена лъжица лек соев сос
- ½ супена лъжица черен оцет
- Прясно смлян черен пипер

ИНСТРУКЦИИ:

a) Загрейте уок на средно висока температура. Налейте олиото и добавете лютите чушки. Оставете лютите чушки да цвърчат в олиото за 15 секунди. Добавете резените джинджифил и щипка сол. Хвърлете чесъна и го запържете за кратко, за да овкусите маслото, около 10 секунди. Не оставяйте чесъна да покафенее или да изгори.

b) Добавете зелето и запържете, докато омекне и стане ярко зелено, около 4 минути. Добавете леката соя и черния оцет и подправете с щипка сол и черен пипер. Разбъркайте за още 20 до 30 секунди.

c) Прехвърлете в чиния и изхвърлете джинджифила. Сервирайте горещ.

20. Пържена маруля със сос от стриди

СЪСТАВ:

- 1½ супени лъжици растително масло
- 1 обелен резен пресен джинджифил, приблизително колкото четвърт
- Кошерна сол
- 2 скилидки чесън, нарязани на ситно
- 1 глава маруля айсберг, изплакната и центрофугирана, нарязана на парчета с ширина 1 инч
- 2 супени лъжици сос от стриди
- ½ чаена лъжичка сусамово масло, за гарнитура

ИНСТРУКЦИИ:

а) Загрейте уок тиган на средно силен огън, докато капка вода цвърчи и се изпари при контакт. Добавете растителното масло и разбъркайте, за да покриете основата на уока. Подправете маслото, като добавите резен джинджифил и щипка сол. Оставете джинджифила да цвърчи в маслото за около 30 секунди, като го разбърквате внимателно.

b) Добавете чесъна и запържете за кратко, за да овкусите маслото, около 10 секунди. Не оставяйте чесъна да покафенее или да изгори. Добавете марулята и запържете, докато започне леко да повяхва, 3 до 4 минути. Поръсете соса от стриди върху марулята и бързо разбъркайте, за да покриете, още 20 до 30 секунди.

21. Пържени броколи и бамбукови стръкове

СЪСТАВ:

- 2 супени лъжици растително масло
- 1 обелен резен пресен джинджифил, приблизително колкото четвърт
- 4 чаши цветчета броколи
- 2 супени лъжици вода
- 2 скилидки чесън, смлени
- 1 (8-унция) консерва нарязани бамбукови издънки, изплакнати и отцедени
- 1 супена лъжица лек соев сос
- 1 чаена лъжичка сусамово масло
- 2 супени лъжици препечени сусамови семена

ИНСТРУКЦИИ:

a) Загрейте уок на средно висока температура. Налейте растителното масло и добавете резен джинджифил и щипка сол.

b) Добавете броколите и ги запържете при разбъркване за 2 минути до светло зелени. Добавете водата и покрийте тигана за 2 минути, за да се задушат броколите.

c) Отстранете капака, добавете чесъна и продължете да пържите за 30 секунди. Разбъркайте бамбуковите издънки и продължете да пържите с разбъркване още 30 секунди.
d) Разбъркайте лекото соево и сусамово масло. Извадете джинджифила и го изхвърлете. Поднесете върху затоплено плато и гарнирайте със сусам.

22. Сух пържен шарен боб

СЪСТАВ:

- 1 супена лъжица лек соев сос
- 1 супена лъжица смлян чесън
- 1 супена лъжица doubanjiang (китайска паста от чили боб)
- 2 супени лъжици захар
- 1 чаена лъжичка сусамово масло
- Кошерна сол
- ½ чаша растително масло
- 1 килограм зелен фасул, подрязан, нарязан наполовина и изсушен

ИНСТРУКЦИИ:

a) В малка купа разбъркайте заедно светлата соя, чесъна, бобовата паста, захарта, сусамовото масло и щипка сол. Заделени.

b) В тиган уок загрейте растителното масло на средно висока температура. Запържете боба. Внимателно завъртете зърната в маслото, докато изглеждат набръчкани.

c) След като всички зърна са сварени, внимателно прехвърлете останалото масло в топлоустойчив съд. Използвайте чифт щипки с няколко хартиени кърпи, за да избършете и почистите уока.

d) Върнете уока на висока температура и добавете 1 супена лъжица от запазеното олио за пържене. Добавете зеления фасул и чили соса, като разбърквате, докато сосът заври и покрие зеления фасул. Прехвърлете боба в чиния и сервирайте горещ.

23. Пържени бок чой и гъби

СЪСТАВ:

- 3 супени лъжици растително масло
- 1 обелен резен пресен джинджифил, приблизително колкото четвърт
- ½ килограм пресни гъби шийтаке
- 2 скилидки чесън, смлени
- 1½ паунда бейби бок чой, нарязан напречно на 1-инчови парчета
- 2 супени лъжици оризово вино Shaoxing
- 2 супени лъжици лек соев сос
- 2 супени лъжици сусамово масло

ИНСТРУКЦИИ:

a) Загрейте уок на средно висока температура. Налейте растителното масло и завъртете, за да покриете основата на уока. Добавете резен джинджифил и щипка сол.

b) Добавете гъбите и разбърквайте за 3 до 4 минути, докато започнат да покафеняват. Добавете чесъна и запържете, докато се появи аромат, още около 30 секунди.

c) Добавете бок чой и разбъркайте с гъбите. Добавете оризовото вино, леката соя и сусамовото масло. Гответе 3 до 4 минути, като разбърквате зеленчуците непрекъснато, докато омекнат.

d) Прехвърлете зеленчуците в чиния за сервиране, изхвърлете джинджифила и сервирайте горещо.

24. Пържени зеленчуци

СЪСТАВ:

- 3 супени лъжици растително масло
- 1 обелен резен пресен джинджифил, приблизително колкото четвърт
- Кошерна сол
- ½ бял лук, нарязан на 1-инчови парчета
- 1 голям морков, обелен и нарязан на диагонал
- 2 ребра целина, нарязани диагонално на филийки с дебелина ¼ инча
- 6 пресни гъби шийтаке
- 1 червена чушка, нарязана на 1-инчови парчета
- 1 малка шепа зелен фасул, нарязан
- 2 скилидки чесън, смлени на ситно
- 2 лука, нарязани на ситно

ИНСТРУКЦИИ:

а) Загрейте уок тиган на средно силен огън, докато капка вода цвърчи и се изпари при контакт. Налейте олиото и завъртете, за да покриете основата на уока. Подправете маслото, като добавите резен джинджифил и щипка сол. Оставете да цвърчи в маслото за около 30 секунди, като разбърквате внимателно.

b) Добавете лука, моркова и целината към уока и запържете, като премествате зеленчуците в уока бързо с помощта на шпатула. Когато зеленчуците започнат да изглеждат крехки, около 4 минути, добавете гъбите и продължете да ги хвърляте в горещия уок.

c) Когато гъбите изглеждат меки, добавете чушката и продължете да бъркате още около 4 минути. Когато чушките започнат да омекват, добавете зеления фасул и разбъркайте, докато омекнат, още около 3 минути. Добавете чесъна и разбъркайте, докато се ухае.

d) Прехвърлете в чиния, изхвърлете джинджифила и украсете с лука. Сервирайте горещ.

25. Удоволствието на Буда

СЪСТАВ:

- Малка шепа (около ⅓ чаша) сушени гъби дървесни уши
- 8 сушени гъби шийтаке
- 2 супени лъжици лек соев сос
- 2 супени лъжици захар
- 1 чаена лъжичка сусамово масло
- 2 супени лъжици растително масло
- 2 обелени резена пресен джинджифил, всеки с размер на четвърт
- Кошерна сол
- 1 деликатна тиква, разполовена, почистена от семките и нарязана на хапки
- 2 супени лъжици оризово вино Shaoxing
- 1 чаша захарен грах, без конци
- 1 (8-унция) кутия водни кестени, изплакнати и отцедени
- Прясно смлян черен пипер

ИНСТРУКЦИИ:

а) Накиснете двете сушени гъби в отделни купи, покрити с гореща вода, докато омекнат, около 20 минути. Отцедете и изхвърлете течността за накисване на мокри уши. Отцедете и запазете ½ чаша течност от шийтаке . Към течността от гъбите добавете светлата соя, захарта и сусамовото масло и разбъркайте, за да се разтвори захарта. Заделени.

b) Загрейте уок тиган на средно силен огън, докато капка вода цвърчи и се изпари при контакт. Налейте растителното масло и завъртете, за да покриете основата на уока. Подправете маслото, като добавите резените джинджифил и щипка сол. Оставете джинджифила да цвърчи в маслото за около 30 секунди, като го разбърквате внимателно.

c) Добавете тиквата и запържете, като разбърквате, като разбърквате с подправеното масло за около 3 минути. Добавете гъбите и оризовото вино и продължете да пържите с разбъркване за 30 секунди. Добавете снежния грах и водните кестени, разбъркайте, за да се покрият с масло. Добавете запазената течност за подправка за гъби и покрийте. Продължете да готвите, като разбърквате от време на време, докато зеленчуците омекнат, около 5 минути.

d) Махнете капака и подправете със сол и черен пипер на вкус. Изхвърлете джинджифила и сервирайте.

26. Тофу в стил Хунан

СЪСТАВ:

- 1 чаена лъжичка царевично нишесте
- 1 супена лъжица вода
- 4 супени лъжици растително или рапично масло, разделени
- Кошерна сол
- 1-килограмово твърдо тофу, отцедено и нарязано на квадрати с дебелина ½ инча, 2 инча напречно
- 3 супени лъжици ферментирал черен боб, изплакнат и натрошен
- 2 супени лъжици doubanjiang (китайска паста от чили)
- 1-инчово парче пресен джинджифил, обелен и ситно смлян
- 3 скилидки чесън, смлени на ситно
- 1 голяма червена чушка, нарязана на 1-инчови парчета
- 4 лука, нарязани на 2-инчови секции
- 1 супена лъжица оризово вино Shaoxing
- 1 чаена лъжичка захар
- ¼ чаша пилешки или зеленчуков бульон с ниско съдържание на натрий

ИНСТРУКЦИИ:

a) В малка купа разбъркайте заедно царевичното нишесте и водата и оставете настрана.

b) Загрейте уок тиган на средно силен огън, докато капка вода цвърчи и се изпари при контакт. Налейте 2 супени лъжици олио и завъртете, за да покриете основата и стените на уока. Добавете щипка сол и подредете резените тофу в уока на един слой. Запържете тофуто за 1 до 2 минути, като накланяте уока наоколо, за да попадне маслото под тофуто, докато се запържва. Когато първата страна се запече, с помощта на шпатула за уок, внимателно обърнете тофуто и го запържете за още 1 до 2 минути, докато стане златисто кафяво. Прехвърлете запеченото тофу в чиния и оставете настрана.

c) Намалете топлината до средно ниска. Добавете останалите 2 супени лъжици олио към уока. Веднага щом маслото започне леко да пуши, добавете черния боб, бобовата паста, джинджифила и чесъна. Запържете за 20 секунди, или докато олиото придобие наситен червен цвят от бобовата паста.

d) Добавете чушката и лука и разбъркайте с виното Shaoxing и захарта. Гответе още една минута или докато виното почти се изпари и чушката омекне.

e) Внимателно добавете запърженото тофу, докато всички съставки в уока се комбинират. Продължете да готвите още 45 секунди или докато тофуто придобие наситен червен цвят и лукът увехне.

f) Налейте пилешкия бульон върху сместа от тофу и внимателно разбъркайте, за да деглазирате уока и да разтворите залепналите парченца по уока. Разбъркайте бързо сместа от царевично нишесте и вода и добавете към уока. Внимателно разбъркайте и оставете да къкри за 2 минути, или докато сосът стане лъскав и гъст. Сервирайте горещ.

27. Ма По Тофу

СЪСТАВ:

- ½ килограм смляно свинско месо
- 2 супени лъжици оризово вино Shaoxing
- 2 супени лъжици лек соев сос
- 1 чаена лъжичка обелен и ситно смлян пресен джинджифил
- 2 супени лъжици царевично нишесте
- 1½ супени лъжици вода
- 2 супени лъжици растително масло
- 1 супена лъжица съчуански черен пипер, счукан
- 3 супени лъжици doubanjiang (китайска паста от чили)
- 4 лука, тънко нарязани, разделени
- 1 чаена лъжичка чили масло
- 1 чаена лъжичка захар
- ½ чаена лъжичка китайски пет подправки на прах
- 1-килограмово средно тофу, отцедено и нарязано на ½-инчови кубчета
- 1½ чаши пилешки бульон с ниско съдържание на натрий
- Кошерна сол
- 1 супена лъжица едро нарязани пресни листа от кориандър, за гарнитура

ИНСТРУКЦИИ:

a) В малка купа смесете смляното свинско месо, оризовото вино, светлата соя и джинджифила. Заделени. В друга малка купа смесете царевичното нишесте заедно с водата. Заделени.

b) Загрейте уок на средно силен огън и изсипете растителното масло. Добавете съчуанските зърна черен пипер и ги запържете внимателно, докато започнат да цвърчат, докато маслото се нагрява.

c) Добавете маринованата паста от свинско месо и боб и пържете при разбъркване за 4 до 5 минути, докато свинското покафенее и стане на трохи. Добавете половината лук, чилито масло, захарта и петте подправки на прах. Продължете да пържите с разбъркване за още 30 секунди или докато лукът повехне.

d) Разпръснете кубчетата тофу върху свинското и налейте бульона. Не разбърквайте; оставете тофуто да се свари и първо да стегне малко. Покрийте и оставете да къкри 15 минути на среден огън. Открийте и разбъркайте внимателно. Внимавайте да не натрошите кубчетата тофу твърде много.

e) Опитайте на вкус и добавете сол или захар, в зависимост от вашите предпочитания. Допълнителната захар може да успокои лютивината, ако е твърде горещо. Разбъркайте отново царевичното нишесте и водата и добавете към тофуто. Внимателно разбъркайте, докато сосът се сгъсти.

f) Гарнирайте с останалите лук и кориандър и сервирайте горещо.

28. Задушена бобена извара в обикновен сос

СЪСТАВ:

- 1 килограм средно тофу
- 2 супени лъжици лек соев сос
- 1 супена лъжица сусамово масло
- 2 супени лъжици черен оцет
- 2 скилидки чесън, смлени на ситно
- 1 чаена лъжичка обелен и ситно смлян пресен джинджифил
- ½ чаена лъжичка захар
- 2 лука, нарязани на ситно
- 1 супена лъжица едро нарязани пресни листа от кориандър

ИНСТРУКЦИИ:

а) Извадете тофуто от опаковката му, като внимавате да го запазите непокътнато. Поставете го върху голяма чиния и внимателно го нарежете на филийки с дебелина от 1 до 1½ инча. Оставете настрана за 5 минути. Оставането на тофуто позволява повече от неговата суроватка да изтече.

b) Изплакнете бамбукова кошница за готвене на пара и нейния капак под студена вода и я поставете в уока. Налейте около 2 инча студена вода или докато излезе над долния ръб на уреда за пара с около ¼ до ½ инча, но не толкова високо, че водата да докосне дъното на кошницата.

c) Изцедете излишната суроватка от чинията с тофу и поставете чинията в бамбуковия съд за пара. Покрийте и поставете уока на средно силен огън. Оставете водата да заври и сварете тофуто на пара за 6 до 8 минути.

d) Докато тофуто се готви на пара, в малка тенджера разбъркайте светлата соя, сусамовото масло, оцета, чесъна, джинджифила и захарта заедно на слаб огън, докато захарта се разтвори.

e) Поръсете топлия сос върху тофуто и гарнирайте с лука и кориандъра.

29. Сусамови аспержи

СЪСТАВ:

- 2 супени лъжици лек соев сос
- 1 чаена лъжичка захар
- 1 супена лъжица растително масло
- 2 големи скилидки чесън, едро нарязани
- Аспержи от 2 паунда, подрязани и нарязани по диагонал на парчета с дължина 2 инча
- Кошерна сол
- 2 супени лъжици сусамово масло
- 1 супена лъжица препечени сусамови семена

ИНСТРУКЦИИ:

a) В малка купа разбъркайте светлата соя и захарта, докато захарта се разтвори. Заделени.

b) Загрейте уок тиган на средно силен огън, докато капка вода цвърчи и се изпари при контакт. Налейте растителното масло и завъртете, за да покриете основата на уока. Добавете чесъна и запържете, докато се появи аромат, около 10 секунди.

c) Добавете аспержите и запържете. Добавете сместа от соев сос и разбъркайте, за да покриете аспержите, като гответе още около 1 минута.

d) Поръсете сусамовото масло върху аспержите и ги прехвърлете в купа за сервиране. Гарнирайте със сусама и сервирайте горещо.

30. Патладжан и тофу в цвъртящ чеснов сос

СЪСТАВ:

- 6 чаши вода плюс 1 супена лъжица, разделени
- 1 супена лъжица кошер сол
- 3 дълги китайски патладжана (около ¾ паунда), подрязани и нарязани диагонално на 1-инчови парчета
- 1½ супени лъжици царевично нишесте, разделени
- 1 супена лъжица лек соев сос
- 2 супени лъжици захар
- ½ чаена лъжичка тъмен соев сос
- 3 супени лъжици растително масло, разделени
- 3 скилидки чесън, наситнени
- 1 чаена лъжичка обелен и смлян пресен джинджифил
- ½ паунд твърдо тофу, нарязано на ½-инчови кубчета

ИНСТРУКЦИИ:

а) В голяма купа смесете 6-те чаши вода и сол. Разбъркайте за кратко, за да се разтвори солта и добавете парчетата патладжан. Поставете голям капак отгоре, за да запазите патладжана потопен във водата, и оставете да престои 15 минути. Отцедете патладжана и го подсушете с хартиени кърпи. Хвърлете патладжана в купа с прах от царевично нишесте, около 1 супена лъжица.

b) В малка купа разбъркайте останалата ½ супена лъжица царевично нишесте с останалата 1 супена лъжица вода, светла соя, захар и тъмна соя. Заделени.

c) Загрейте уок тиган на средно силен огън, докато капка вода цвърчи и се изпари при контакт. Налейте 2 супени лъжици олио и завъртете, за да покриете основата на уока и стените му. Подредете патладжана на един слой в уока.

d) Запържете патладжана от всяка страна, около 4 минути на страна. Патладжанът трябва да е леко овъглен и златисто кафяв. Намалете топлината до средна, ако уокът започне да пуши. Прехвърлете патладжана в купа и върнете уока на котлона.

e) Добавете останалата 1 супена лъжица масло и запържете чесъна и джинджифила, докато станат ароматни и цвърчат, около 10 секунди. Добавете тофуто и пържете още 2 минути, след което върнете патладжана в уока. Разбъркайте отново соса и го изсипете в уока, като разбъркате всички съставки, докато сосът се сгъсти до тъмна, лъскава консистенция.

f) Прехвърлете патладжана и тофуто в чиния и сервирайте горещо.

31. Китайски броколи със сос от стриди

СЪСТАВ:

- ¼ чаша сос от стриди
- 2 супени лъжици лек соев сос
- 1 чаена лъжичка сусамово масло
- 2 супени лъжици растително масло
- 4 обелени резена пресен джинджифил, всеки с размер на четвърт
- 4 скилидки чесън, обелени
- Кошерна сол
- 2 връзки китайски броколи или броколи, с подрязани жилави краища
- 2 супени лъжици вода

ИНСТРУКЦИИ:

a) В малка купа разбъркайте заедно соса от стриди, светлата соя и сусамовото масло и оставете настрана.

b) Загрейте уок тиган на средно силен огън, докато капка вода цвърчи и се изпари при контакт. Налейте растителното масло и завъртете, за да покриете основата на уока. Добавете джинджифила, чесъна и щипка сол. Оставете ароматите да цвърчат в маслото, като ги разбърквате леко за около 10 секунди.

c) Добавете броколите и разбъркайте, докато се покрият с масло и ярко зелено. Добавете водата и похлупете, за да задушите броколите за около 3 минути или докато стъблата могат лесно да се пробият с нож. Отстранете джинджифила и чесъна и ги изхвърлете.

d) Разбърква се в соса и се разбърква, докато се загрее. Прехвърлете в чиния за сервиране.

32. Скариди със сол и черен пипер

СЪСТАВ:

- 1 супена лъжица кошер сол
- 1½ чаени лъжички съчуански черен пипер
- 1½ паунда големи скариди (U31–35), обелени и без жилки, оставени опашки
- ½ чаша растително масло
- 1 чаша царевично нишесте
- 4 лука, нарязани по диагонал
- 1 чушка халапеньо, разполовена и почистена от семена, нарязана на тънко
- 6 скилидки чесън, нарязани на ситно

ИНСТРУКЦИИ:

а) В малък тиган или тиган на среден огън препечете солта и зърната черен пипер, докато станат ароматни, като разклащате и разбърквате често, за да избегнете изгаряне. Прехвърлете в купа да се охлади напълно. Смелете солта и черен пипер заедно в мелничка за подправки или с хаванче. Прехвърлете в купа и оставете настрана.

b) Изсушете скаридите с хартиена кърпа.

c) В тиган уок загрейте олиото на средно висока температура до 375°F или докато започне да шупне и цвърчи около края на дървена лъжица.

d) Поставете царевичното нишесте в голяма купа. Точно преди да сте готови да изпържите скаридите, хвърлете половината скариди, за да се покрият с царевичното нишесте, и отърсете излишното царевично нишесте.

e) Запържете скаридите за 1-2 минути, докато порозовеят. С помощта на уок скимер прехвърлете пържените скариди върху решетка върху лист за печене, за да се отцедят. Повторете процеса с останалите скариди на хвърляне в царевично нишесте, пържене и прехвърляне върху решетката, за да се отцедят.

f) След като всички скариди са сварени, внимателно отстранете всички с изключение на 2 супени лъжици масло и върнете уока на средна температура. Добавете лука, халапеньото и чесъна и запържете, докато лукът и халапеньото станат ярко зелени и чесънът стане ароматен. Върнете скаридите в уока, подправете на вкус със сместа от сол и черен пипер (може да не използвате цялата) и хвърлете, за да покриете. Прехвърлете скаридите в чиния и сервирайте горещи.

33. Пияни скариди

СЕРВИРА 4

СЪСТАВ:

- 2 чаши оризово вино Shaoxing
- 4 обелени резена пресен джинджифил, всеки с размер на четвърт
- 2 супени лъжици сушени годжи бери (по желание)
- 2 супени лъжици захар
- 1-килограмова джъмбо скарида (U21–25), обелена и без жилки, оставени опашки
- 2 супени лъжици растително масло
- Кошерна сол
- 2 супени лъжици царевично нишесте

ИНСТРУКЦИИ:

a) В широка купа за смесване разбъркайте заедно оризовото вино, джинджифила, годжи бери (ако използвате) и захарта, докато захарта се разтвори. Добавете скаридите и покрийте. Мариновайте в хладилника за 20 до 30 минути.

b) Изсипете скаридите и маринатата в гевгир, поставен върху купа. Запазете ½ чаша от маринатата и изхвърлете останалото.
c) Загрейте уок тиган на средно силен огън, докато капка вода цвърчи и се изпари при контакт. Налейте олиото и завъртете, за да покриете основата на уока. Подправете маслото, като добавите малка щипка сол и разбъркайте внимателно.
d) Добавете скаридите и запържете енергично, като разбърквате, като добавите щипка сол, докато обръщате и хвърляте скаридите в уока. Продължете да движите скаридите около 3 минути, докато станат розови.
e) Разбъркайте царевичното нишесте в запазената марината и я изсипете върху скаридите. Хвърлете скаридите и ги намажете с маринатата. Ще се сгъсти в лъскав сос, когато започне да кипи, още около 5 минути.
f) Прехвърлете скаридите и годжи бери в чиния, изхвърлете джинджифила и сервирайте горещо.

34. Пържени скариди в шанхайски стил

СЪСТАВ:

- 1-килограмова средно голяма скарида (U31–40), обелена и без жилки, оставени опашки
- 2 супени лъжици растително масло
- Кошерна сол
- 2 супени лъжици оризово вино Shaoxing
- 2 лука, ситно нарязани

ИНСТРУКЦИИ:

a) С помощта на остри кухненски ножици или къдраво ножче нарежете скаридите наполовина по дължина, като запазите опашната част непокътната. Тъй като скаридите се пържат, нарязването им по този начин ще даде повече повърхност и ще създаде уникална форма и текстура!
b) Изсушете скаридите с хартиени кърпи и ги оставете сухи. Колкото по-сухи са скаридите, толкова по-ароматно е ястието.

Можете да съхранявате скаридите в хладилник, навити в хартиена кърпа, до 2 часа преди готвене.

c) Загрейте уок тиган на средно силен огън, докато капка вода цвърчи и се изпари при контакт. Налейте олиото и завъртете, за да покриете основата на уока. Подправете маслото, като добавите малка щипка сол и разбъркайте внимателно.

d) Добавете скаридите наведнъж към горещия уок. Хвърлете и обърнете бързо за 2 до 3 минути, докато скаридите просто започнат да порозовяват. Подправете с още една малка щипка сол и добавете оризовото вино. Оставете виното да изври, докато продължавате да пържите, около още 2 минути. Скаридата трябва да се отдели и да се навие, все още прикрепена към опашката.

e) Прехвърлете в чиния за сервиране и гарнирайте с лука. Сервирайте горещ.

35. Орехови скариди

СЪСТАВ:

- Незалепващ спрей с растително масло
- 1-килограмова джъмбо скарида (U21–25), обелена
- 25-30 орехови половинки
- 3 чаши растително масло, за пържене
- 2 супени лъжици захар
- 2 супени лъжици вода
- ¼ чаша майонеза
- 3 супени лъжици подсладено кондензирано мляко
- ¼ чаена лъжичка оризов оцет
- Кошерна сол
- ⅓ чаша царевично нишесте

ИНСТРУКЦИИ:

а) Постелете лист за печене с хартия за печене и леко напръскайте със спрей за готвене. Заделени.

b) Направете пеперуда на скаридите, като я държите върху дъска за рязане с извитата страна надолу. Започвайки от областта на главата, пъхнете върха на ножа за къдрене на три четвърти от дължината в скаридите. Направете разрез по средата на гърба на скарида до опашката. Не режете скаридите докрай и не режете в областта на опашката. Отворете скаридите като книга и я разстелете. Избършете вената (храносмилателния тракт на скаридите), ако се вижда, и изплакнете скаридите под студена вода, след което подсушете с хартиена кърпа. Заделени.

c) В тиган уок загрейте олиото на средно висока температура до 375°F или докато започне да шупне и цвърчи около края на дървена лъжица. Запържете орехите до златисто кафяво, 3 до 4 минути, и с помощта на уок скимер прехвърлете орехите в чиния, покрита с хартиена кърпа. Оставете настрана и изключете котлона.

d) В малка тенджера разбъркайте заедно захарта и водата и ги оставете да заври на средно силен огън, като разбърквате от време на време, докато захарта се разтвори. Намалете котлона до среден и оставете да къкри, за да намалите сиропа за 5 минути или докато сиропът стане гъст и лъскав. Добавете орехите и разбъркайте, за да се покрият напълно със сиропа. Прехвърлете ядките в подготвения лист за печене и оставете настрана да се охладят. Захарта трябва да се стегне около ядките и да образува захаросана обвивка.

e) В малка купа разбъркайте заедно майонезата, кондензираното мляко, оризовия оцет и щипка сол. Заделени.

f) Върнете олиото уок до 375°F на средно висока температура. Докато маслото се загрява, подправете леко скаридите с щипка сол. В купа за смесване разбъркайте скаридите с царевичното нишесте, докато се покрият добре. Работете на малки партиди, изтръскайте излишното царевично нишесте от скаридите и ги запържете в олиото, като ги премествате бързо в олиото, за да не залепнат. Запържете скаридите за 2 до 3 минути до златисто кафяво.

g) Прехвърлете в чиста купа за смесване и напръскайте соса отгоре. Внимателно сгънете, докато скаридите се покрият равномерно. Подредете скаридите в плато и гарнирайте със захаросаните орехи. Сервирайте горещ.

36. Кадифени миди

СЪСТАВ:

- 1 голям белтък
- 2 супени лъжици царевично нишесте
- 2 супени лъжици оризово вино Shaoxing, разделени
- 1 чаена лъжичка кошер сол, разделена
- 1-килограмови пресни морски миди, изплакнати, отстранени мускули и подсушени
- 3 супени лъжици растително масло, разделени
- 1 супена лъжица лек соев сос
- ¼ чаша прясно изцеден портокалов сок
- Настъргана кора от 1 портокал
- Люспи от червен пипер (по желание)
- 2 лука, само зелената част, нарязани на тънки филийки, за гарнитура

ИНСТРУКЦИИ:

а) В голяма купа смесете яйчния белтък, царевичното нишесте, 1 супена лъжица оризово вино и ½ чаена лъжичка сол и разбъркайте с малка бъркалка, докато царевичното нишесте се разтвори напълно и вече не е на бучки. Хвърлете вътре мидите и охладете за 30 минути.

b) Извадете мидите от хладилника. Оставете средно голям съд с вода да заври. Добавете 1 супена лъжица растително масло и намалете да къкри. Добавете мидите към кипящата вода и гответе за 15 до 20 секунди, като бъркате непрекъснато, докато мидите станат непрозрачни (мидите няма да се сварят напълно). С помощта на уок скимер прехвърлете мидите върху покрита с хартиена кърпа тава за печене и подсушете с хартиени кърпи.

c) В стъклена мерителна чаша смесете останалата 1 супена лъжица оризово вино, лека соя, портокалов сок, портокалова кора и щипка люспи от червен пипер (ако използвате) и оставете настрана.

d) Загрейте уок тиган на средно силен огън, докато капка вода цвърчи и се изпари при контакт. Налейте останалите 2 супени лъжици олио и разбъркайте, за да покриете основата на уока. Подправете маслото, като добавите останалата ½ чаена лъжичка сол.

e) Добавете кадифените миди към уока и разбъркайте в соса. Запържете мидите, докато се сварят, за около 1 минута. Прехвърлете в чиния за сервиране и гарнирайте с лука.

37. Пържени морски дарове и зеленчуци с юфка

СЪСТАВ:

- 1 чаша растително масло, разделено
- 3 резена пресен обелен джинджифил
- Кошерна сол
- 1 червена чушка, нарязана на 1-инчови парчета
- 1 малка глава бял лук, нарязана на тънки, дълги вертикални ивици
- 1 голяма шепа снежен грах, отстранени връзки
- 2 големи скилидки чесън, смлени на ситно
- ½ фунта скариди или риба, нарязани на 1-инчови парчета
- 1 супена лъжица сос от черен боб
- ½ килограма сушени оризови юфки с фиде или юфка от боб

ИНСТРУКЦИИ:

а) Загрейте уок тиган на средно силен огън, докато капка вода цвърчи и се изпари при контакт. Налейте 2 супени лъжици олио и завъртете, за да покриете основата на уока. Подправете маслото, като добавите резенчета джинджифил и малка щипка сол. Оставете джинджифила да цвърчи в маслото за около 30 секунди, като го разбърквате внимателно.

b) Добавете чушката и лука и запържете бързо, като ги хвърляте и обръщате в тигана с уок шпатула.

c) Подправете леко със сол и продължете да пържите с разбъркване за 4 до 6 минути, докато лукът изглежда мек и полупрозрачен. Добавете снежния грах и чесъна, като разбърквате и обръщате, докато чесънът започне да ароматизира, около още една минута. Прехвърлете зеленчуците в чиния.

d) Загрейте още 1 супена лъжица олио и добавете скаридите или рибата. Внимателно разбъркайте и подправете леко с малка щипка сол. Разбърквайте за 3 до 4 минути или докато скаридите порозовеят или рибата започне да се лющи. Върнете зеленчуците и разбъркайте всичко заедно още 1 минута. Изхвърлете джинджифила и прехвърлете скаридите в чиния. Палатка с фолио за стопляне.

e) Избършете уока и го върнете на средно висока температура. Изсипете останалото масло (около ¾ чаша) и загрейте до 375°F, или докато започне да шупне и цвърчи около края на дървена лъжица. Веднага след като маслото се загрее, добавете изсушената юфка. Те веднага ще започнат да се надуват и да се надигат от маслото. С помощта на щипки обърнете облака юфка, ако трябва да изпържите горната част, и внимателно го повдигнете от олиото и прехвърлете в чиния, покрита с хартиена кърпа, за да се отцеди и охлади.

f) Внимателно начупете юфката на по-малки парчета и я разпръснете върху пържените зеленчуци и скаридите. Сервирайте веднага.

38. Цяла задушена риба с джинджифил и лук

СЪСТАВ:

За рибата

- 1 цяла бяла риба, около 2 паунда, с глава и почистена
- ½ чаша кашерна сол, за почистване
- 3 лука, нарязани на 3-инчови парчета
- 4 обелени резена пресен джинджифил, всеки с размер на четвърт
- 2 супени лъжици оризово вино Shaoxing

За соса

- 2 супени лъжици лек соев сос
- 1 супена лъжица сусамово масло
- 2 супени лъжици захар

За цвъртящото масло от джинджифил

- 3 супени лъжици растително масло
- 2 супени лъжици обелен пресен джинджифил, нарязан на тънки ивици

- 2 лука, нарязани на ситно
- Червен лук, нарязан на ситно (по желание)
- кориандър (по избор)

ИНСТРУКЦИИ:

a) Натрийте рибата отвътре и отвън с кашер сол. Изплакнете рибата и подсушете с хартиени кърпи.

b) В чиния, достатъчно голяма, за да се побере в бамбукова кошница за пара, направете легло, като използвате половината от всеки лук и джинджифил. Поставете рибата отгоре и напълнете останалите лук и джинджифил вътре в рибата. Залейте рибата с оризовото вино.

c) Изплакнете бамбукова кошница за готвене на пара и нейния капак под студена вода и я поставете в уока. Налейте около 2 инча студена вода или докато излезе над долния ръб на уреда за пара с около ¼ до ½ инча, но не толкова високо, че водата да докосне дъното на кошницата. Оставете водата да заври.

d) Поставете чинията в кошницата на уреда за пара и я покрийте. Задушете рибата на среден огън за 15 минути (добавете 2 минути за всеки половин килограм повече). Преди да извадите от уока, набодете рибата с вилица близо до главата. Ако месото се лющи, значи е готово. Ако месото все още се слепва, гответе на пара още 2 минути.

e) Докато рибата се готви на пара, в малък тиган загрейте светлата соя, сусамовото масло и захарта на слаб огън и оставете настрана.

f) След като рибата е готова, прехвърлете в чиста чиния. Изхвърлете течността за готвене и ароматите от плочата за готвене. Залейте рибата с топлата смес от соев сос. Палатка с фолио, за да се затопли, докато приготвяте маслото.

39. Пържена риба с джинджифил и Бок Чой

СЪСТАВ:

- 1 голям белтък
- 1 супена лъжица оризово вино Shaoxing
- 2 супени лъжици царевично нишесте
- 1 чаена лъжичка сусамово масло
- ½ чаена лъжичка светъл соев сос
- 1-килограмови рибни филета без кости, нарязани на 2-инчови парчета
- 4 супени лъжици растително масло, разделени
- Кошерна сол
- 4 обелени резенчета пресен джинджифил, с големината на една четвърт
- 3 глави бейби бок чой, нарязани на хапки
- 1 скилидка чесън, смлян

ИНСТРУКЦИИ:

а) В средна купа смесете заедно яйчния белтък, оризовото вино, царевичното нишесте, сусамовото масло и леката соя. Добавете рибата към маринатата и разбъркайте, за да се покрие. Мариновайте за 10 минути.

b) Загрейте уок тиган на средно силен огън, докато капка вода цвърчи и се изпари при контакт. Налейте 2 супени лъжици растително масло и завъртете, за да покриете основата на уока. Подправете маслото, като добавите малка щипка сол и разбъркайте внимателно.

c) С решетъчна лъжица извадете рибата от маринатата и запържете в уока за около 2 минути от всяка страна, докато покафенее и от двете страни. Прехвърлете рибата в чиния и оставете настрана.

d) Добавете останалите 2 супени лъжици растително масло към уока. Добавете още една щипка сол и джинджифила и подправете маслото, като разбърквате внимателно за 30 секунди. Добавете бок чой и чесъна и запържете за 3 до 4 минути, като разбърквате непрекъснато, докато бок чой омекне.

e) Върнете рибата в уока и внимателно разбъркайте заедно с бок чой, докато се комбинират. Подправете леко с още една щипка сол. Прехвърлете в чиния, изхвърлете джинджифила и сервирайте веднага.

40. Миди в сос от черен боб

СЪСТАВ:

- 3 супени лъжици растително масло
- 2 обелени резена пресен джинджифил, всеки с размер на четвърт
- Кошерна сол
- 2 лука, нарязани на парчета с дължина 2 инча
- 4 големи скилидки чесън, нарязани на ситно
- 2 паунда живи миди PEI, изтъркани и без брада
- 2 супени лъжици оризово вино Shaoxing
- 2 супени лъжици сос от черен боб или купен от магазина сос от черен боб
- 2 супени лъжици сусамово масло
- ½ връзка пресен кориандър, едро нарязан

ИНСТРУКЦИИ:

a) Загрейте уок тиган на средно силен огън, докато капка вода цвърчи и се изпари при контакт. Налейте растителното масло и завъртете, за да покриете основата на уока. Подправете маслото, като добавите резенчета джинджифил и малка щипка сол. Оставете джинджифила да цвърчи в маслото за около 30 секунди, като го разбърквате внимателно.

b) Сложете лука и чесъна и запържете с разбъркване за 10 секунди, или докато лукът повехне.

c) Добавете мидите и разбъркайте, за да се покрият с маслото. Изсипете оризовото вино по стените на уока и разбъркайте за кратко. Покрийте и гответе на пара за 6 до 8 минути, докато мидите се отворят.

d) Открийте и добавете соса от черен боб, като разбъркате, за да покриете мидите. Покрийте и оставете на пара още 2 минути. Открийте и прекъснете, като отстраните всички миди, които не са се отворили.

e) Полейте мидите със сусамовото масло. Разбъркайте за кратко, докато сусамовото масло започне да ароматизира. Изхвърлете джинджифила, прехвърлете мидите в чиния и украсете с кориандъра.

41. Кокосов къри рак

СЪСТАВ:

- 2 супени лъжици растително масло
- 2 обелени резена пресен джинджифил, приблизително колкото четвърт
- Кошерна сол
- 1 шалот, тънко нарязан
- 1 супена лъжица къри на прах
- 1 (13,5-унция) консерва кокосово мляко
- ¼ чаена лъжичка захар
- 1 супена лъжица оризово вино Shaoxing
- 1-килограмово консервирано месо от раци, отцедено и подбрано, за да се отстранят парчетата черупки
- Прясно смлян черен пипер
- ¼ чаша нарязан пресен кориандър или плосък магданоз, за гарнитура
- Варен ориз, за сервиране

ИНСТРУКЦИИ:

a) Загрейте уок тиган на средно силен огън, докато капка вода цвърчи и се изпари при контакт. Налейте олиото и завъртете, за да покриете основата на уока. Подправете маслото, като добавите резените джинджифил и щипка сол. Оставете джинджифила да цвърчи в маслото за около 30 секунди, като го разбърквате внимателно.

b) Добавете шалот и разбърквайте за около 10 секунди. Добавете кърито на прах и разбъркайте до аромат за още 10 секунди.

c) Разбъркайте кокосовото мляко, захарта и оризовото вино, покрийте уока и гответе 5 минути.

d) Разбъркайте раците, покрийте с капака и гответе, докато се загреят, около 5 минути. Махнете капака, регулирайте подправката със сол и черен пипер и изхвърлете джинджифила. Налейте върху купа ориз и гарнирайте с нарязан кориандър.

42. Дълбоко пържени калмари с черен пипер

СЪСТАВ:

- 3 чаши растително масло
- 1-килограмови тръбички и пипала на калмари, почистени и нарязани на ⅓-инчови пръстени
- ½ чаша оризово брашно
- Кошерна сол
- ¼ чаена лъжичка прясно смлян черен пипер
- ¾ чаша газирана вода, съхранявана ледено студена
- 2 супени лъжици едро нарязан пресен кориандър

ИНСТРУКЦИИ:

а) Изсипете олиото в уока; маслото трябва да е дълбоко около 1 до 1½ инча. Доведете маслото до 375°F на средно висока температура. Можете да разберете, че маслото е на правилната температура, когато маслото бълбука и цвърчи около края на дървена лъжица, когато се потопи в нея. Попийте калмарите с хартиени кърпи.

b) През това време в плитка купа разбъркайте оризовото брашно с щипка сол и черен пипер. Разбийте достатъчно газирана вода, за да оформите рядко тесто. Сгънете калмарите и, работейки на партиди, повдигнете калмарите от тестото с помощта на уок скимер или решетъчна лъжица, като изтръскате излишъка. Внимателно се спускат в горещото олио.

c) Гответе калмарите за около 3 минути, докато станат златисто кафяви и хрупкави. С помощта на уок скимер извадете калмарите от олиото и ги прехвърлете в чиния, покрита с хартиена кърпа, и подправете леко със сол. Повторете с останалите калмари.

d) Прехвърлете калмарите в чиния и ги гарнирайте с кориандъра. Сервирайте горещ.

43. Дълбоко пържени стриди с чили-чесън конфети

СЪСТАВ:

- 1 (16-унция) контейнер малки олющени стриди
- ½ чаша оризово брашно
- ½ чаша универсално брашно, разделено
- ½ чаена лъжичка бакпулвер
- Кошерна сол
- Смлян бял пипер
- ¼ чаена лъжичка лук на прах
- ¾ чаша газирана вода, охладена
- 1 чаена лъжичка сусамово масло
- 3 чаши растително масло
- 3 големи скилидки чесън, нарязани на ситно
- 1 малко червено чили, нарязано на ситно
- 1 малко зелено чили, нарязано на ситно
- 1 лук, нарязан на ситно

ИНСТРУКЦИИ:

a) В купа за смесване разбъркайте заедно оризовото брашно, ¼ чаша универсално брашно, бакпулвера, по една щипка сол и бял пипер и лука на прах. Добавете газираната вода и сусамовото масло, разбъркайте до гладкост и оставете настрана.

b) В тиган уок загрейте растителното масло на средно висока температура до 375°F или докато шупне и цвърчи около края на дървена лъжица.

c) Попийте стридите с хартиена кърпа и потопете в останалата ¼ чаша универсално брашно. Потопете стридите една по една в тестото от оризово брашно и внимателно ги спуснете в горещото олио.

d) Запържете стридите за 3 до 4 минути или до златисто кафяво. Прехвърлете върху телена решетка за охлаждане, поставена върху лист за печене, за да се отцеди. Поръсете леко със сол.

e) Върнете температурата на маслото до 375°F и запържете чесъна и лютите чушки за кратко, докато станат хрупкави, но все още ярко оцветени, около 45 секунди. С телена бъркалка извадете от маслото и поставете върху чиния, покрита с хартиена кърпа.

f) Подредете стридите в чиния и поръсете чесъна и лютите чушки. Украсете с нарязания лук и сервирайте веднага.

44. Пиле Кунг Пао

СЪСТАВ:

- 3 супени лъжици лек соев сос

- 2½ чаени лъжички царевично нишесте
- 2 супени лъжици китайски черен оцет
- 1 чаена лъжичка оризово вино Shaoxing
- 1 чаена лъжичка сусамово масло
- ¾ паунд пилешки бутчета без кости и кожа, нарязани на 1 инч
- 2 супени лъжици растително масло
- 6 до 8 цели сушени червени люти чушки
- 3 лука, белите и зелените части разделени, нарязани на ситно
- 2 скилидки чесън, смлени
- 1 чаена лъжичка обелен и смлян пресен джинджифил
- ¼ чаша несолени сухи печени фъстъци

ИНСТРУКЦИИ:

a) В средна купа разбъркайте светлата соя, царевичното нишесте, черния оцет, оризовото вино и сусамовото масло, докато царевичното нишесте се разтвори. Добавете пилето и разбъркайте внимателно, за да се покрие. Мариновайте за 10 до 15 минути или достатъчно време, за да подготвите останалите съставки.

b) Загрейте уок тиган на средно силен огън, докато капка вода цвърчи и се изпари при контакт. Налейте растителното масло и завъртете, за да покриете основата на уока.

c) Добавете лютите чушки и ги запържете с разбъркване за около 10 секунди или докато започнат да почерняват и маслото е леко ароматно.

d) Добавете пилето, като запазите марината и запържете при разбъркване за 3 до 4 минути, докато спре да порозовява.

e) Хвърлете белтъците от лука, чесъна и джинджифила и запържете за около 30 секунди. Залейте с марината и разбъркайте, за да покриете пилето. Хвърлете фъстъците и гответе още 2-3 минути, докато сосът стане лъскав.

f) Прехвърлете в чиния за сервиране, гарнирайте със зеления лук и сервирайте горещо.

45. Броколи Пиле

СЪСТАВ:

- 1 супена лъжица оризово вино Shaoxing
- 2 супени лъжици лек соев сос
- 1 чаена лъжичка смлян чесън
- 1 чаена лъжичка царевично нишесте
- ¼ чаена лъжичка захар
- ¾ паунда обезкостени пилешки бутчета без кожа, нарязани на 2-инчови парчета
- 2 супени лъжици растително масло
- 4 обелени резенчета пресен джинджифил, с големината на една четвърт
- Кошерна сол
- 1-килограмови броколи, нарязани на розички
- 2 супени лъжици вода
- Люспи от червен пипер (по желание)
- ¼ чаша сос от черен боб или купен от магазина сос от черен боб

ИНСТРУКЦИИ:

a) В малка купа смесете заедно оризовото вино, светлата соя, чесъна, царевичното нишесте и захарта. Добавете пилето и мариновайте за 10 минути.

b) Загрейте уок тиган на средно силен огън, докато капка вода цвърчи и се изпари при контакт. Налейте растителното масло и завъртете, за да покриете основата на уока. Добавете джинджифила и щипка сол. Оставете джинджифила да цвърчи за около 30 секунди, като го завъртите внимателно.

c) Прехвърлете пилето в уока, като изхвърлите маринатата. Запържете пилето за 4 до 5 минути, докато спре да порозовява. Добавете броколите, водата и щипка люспи от червен пипер (ако използвате) и разбърквайте за 1 минута. Покрийте уока и задушете броколите на пара за 6 до 8 минути, докато станат хрупкави.

d) Разбъркайте соса от черен боб, докато се покрие и загрее, около 2 минути, или докато сосът леко се сгъсти и стане лъскав.

e) Изхвърлете джинджифила, прехвърлете го в чиния и сервирайте горещ.

46. Пиле с кора от мандарина

СЪСТАВ:

- 3 големи белтъка
- 2 супени лъжици царевично нишесте
- 1½ супени лъжици лек соев сос, разделен
- ¼ чаена лъжичка смлян бял пипер
- ¾ паунд пилешки бутчета без кост и кожа, нарязани на хапки
- 3 чаши растително масло
- 4 обелени резена пресен джинджифил, всеки с размер на четвърт
- 1 чаена лъжичка съчуански черен пипер, леко натрошен
- Кошерна сол
- ½ жълт лук, тънко нарязан на ивици с ширина ¼ инча
- Кората на 1 мандарина, нарязана на ленти с дебелина ⅛ инча
- Сок от 2 мандарини (около ½ чаша)
- 2 супени лъжици сусамово масло
- ½ чаена лъжичка оризов оцет
- Светлокафява захар

- 2 лука, нарязани на ситно, за гарнитура
- 1 супена лъжица сусам, за гарнитура

ИНСТРУКЦИИ:

a) В купа за смесване, с помощта на вилица или бъркалка, разбийте белтъците, докато станат на пяна и докато по-плътните бучки станат на пяна. Разбъркайте царевичното нишесте, 2 чаени лъжички светла соя и белия пипер, докато се смесят добре. Сгънете пилето и мариновайте за 10 минути.

b) Изсипете олиото в уока; маслото трябва да е дълбоко около 1 до 1½ инча. Доведете маслото до 375°F на средно висока температура. Можете да разберете, че маслото е с правилната температура, когато потопите края на дървена лъжица в маслото. Ако маслото шупне и цвърчи около него, маслото е готово.

c) С помощта на решетъчна лъжица или уок скимер извадете пилето от марината и отърсете излишното. Внимателно се спускат в горещото олио. Запържете пилето на порции за 3 до 4 минути или докато пилето стане златистокафяво и хрупкаво на повърхността. Прехвърлете в чиния, покрита с хартиена кърпа.

d) Изсипете всичко освен 1 супена лъжица олио от уока и го поставете на средно силен огън. Завъртете маслото, за да покриете основата на уока. Подправете маслото, като добавите джинджифила, черен пипер и щипка сол. Оставете джинджифила и зърната черен пипер да цвърчат в маслото за около 30 секунди, като ги разбърквате внимателно.

e) Добавете лука и запържете, като разбърквате и обръщате с уок шпатула за 2 до 3 минути, или докато лукът стане мек и полупрозрачен. Добавете кората на мандарината и запържете, като разбърквате, още една минута или докато се появи аромат.

f) Добавете сока от мандарина, сусамовото масло, оцета и щипка кафява захар. Оставете соса да заври и оставете да къкри за около 6 минути, докато се намали наполовина. Трябва да е сиропиран и много пикантен. Опитайте и добавете щипка сол, ако е необходимо.

g) Изключете котлона и добавете пърженото пиле, разбъркайте, за да се покрие със соса. Прехвърлете пилето в чиния, изхвърлете джинджифила и украсете с нарязания лук и сусамовите семена. Сервирайте горещ.

47. Пиле кашу

СЕРВИРА 4 ДО 6

СЪСТАВ:

- 1 супена лъжица лек соев сос
- 2 супени лъжици оризово вино Shaoxing
- 2 супени лъжици царевично нишесте
- 1 чаена лъжичка сусамово масло
- ½ чаена лъжичка смлян сечуански черен пипер
- ¾ фунта обезкостени пилешки бутчета без кожа, нарязани на 1-инчови кубчета
- 2 супени лъжици растително масло
- ½-инчово парче обелен, ситно смлян пресен джинджифил
- Кошерна сол
- ½ червена чушка, нарязана на ½-инчови парчета
- 1 малка тиквичка, нарязана на ½-инчови парчета
- 2 скилидки чесън, смлени
- ½ чаша безсолно сухо печено кашу

- 2 лука, белите и зелените части разделени, нарязани на ситно

ИНСТРУКЦИИ:

a) В средна купа разбъркайте заедно светлата соя, оризовото вино, царевичното нишесте, сусамовото масло и съчуанския пипер. Добавете пилето и разбъркайте внимателно, за да се покрие. Оставете го да се маринова за 15 минути или за достатъчно време, за да подготвите останалите съставки.
b) Загрейте уок тиган на средно силен огън, докато капка вода цвърчи и се изпари при контакт. Налейте растителното масло и завъртете, за да покриете основата на уока. Подправете маслото, като добавите джинджифила и щипка сол. Оставете джинджифила да цвърчи в маслото за около 30 секунди, като го разбърквате внимателно.
c) С помощта на щипки извадете пилето от маринатата и го прехвърлете в уока, като запазите маринатата. Запържете пилето за 4 до 5 минути, докато спре да порозовява. Добавете червения пипер, тиквичките и чесъна и разбърквайте за 2 до 3 минути, или докато зеленчуците омекнат.
d) Налейте марината и разбъркайте, за да покриете останалите съставки. Оставете маринатата да заври и продължете да пържите при разбъркване за 1 до 2 минути, докато сосът стане гъст и лъскав. Разбъркайте кашуто и гответе още една минута.
e) Прехвърлете в чиния за сервиране, гарнирайте с лука и сервирайте горещо.

48. Кадифено пиле и снежен грах

СЪСТАВ:

- 2 големи белтъка
- 2 супени лъжици царевично нишесте плюс 1 ч.л
- ¾ паунда пилешки гърди без кост и кожа
- 3½ супени лъжици растително масло, разделени
- ⅓ чаша пилешки бульон с ниско съдържание на натрий
- 1 супена лъжица оризово вино Shaoxing
- Кошерна сол
- Смлян бял пипер
- 4 резена пресен обелен джинджифил
- 1 (4-унция) консерва нарязани бамбукови издънки, изплакнати и отцедени
- 3 скилидки чесън, смлени
- ¾ паунда снежен грах или захарен грах без конци

ИНСТРУКЦИИ:

a) В купа за смесване, като използвате вилица или бъркалка, разбийте белтъците, докато станат на пяна и по-плътните бучки белтък се разпенят. Разбъркайте 2 супени лъжици царевично нишесте, докато се смеси добре и вече не е на бучки. Сложете пилето и 1 супена лъжица растително масло и мариновайте.

b) В малка купа разбъркайте заедно пилешкия бульон, оризовото вино и останалата 1 чаена лъжичка царевично нишесте и подправете с щипка сол и бял пипер. Заделени.

c) Оставете средна тенджера, пълна с вода, да заври на силен огън. Добавете ½ супена лъжица олио и намалете котлона да къкри. С помощта на уок скимер или решетъчна лъжица, за да оставите марината да се отцеди, прехвърлете пилето във врящата вода. Разбъркайте пилето, за да не се слепят парчетата. Гответе 40 до 50 секунди, докато пилето стане бяло отвън, но не се свари. Отцедете пилето в гевгир и изтръскайте излишната вода. Изхвърлете врящата вода.

d) Загрейте уок тиган на средно силен огън, докато капка вода цвърчи и се изпари при контакт. Налейте останалите 2 супени лъжици олио и разбъркайте, за да покриете основата на уока. Подправете маслото, като добавите резенчета джинджифил и сол. Оставете джинджифила да цвърчи в маслото за около 30 секунди, като го разбърквате внимателно.

e) Добавете бамбуковите издънки и чесъна и с помощта на шпатула уок разбъркайте, за да се покрие с масло и гответе, докато се появи аромат, около 30 секунди. Добавете снежния грах и запържете, като разбърквате, за около 2 минути, докато стане ярко зелен и хрупкав. Добавете пилето към уока и разбъркайте в сместа от соса. Разбъркайте и продължете да готвите за 1 до 2 минути.

f) Прехвърлете в чиния и изхвърлете джинджифила. Сервирайте горещ.

49. Пиле и зеленчуци със сос от черен боб

СЪСТАВ:

- 1 супена лъжица лек соев сос
- 1 чаена лъжичка сусамово масло
- 1 чаена лъжичка царевично нишесте
- ¾ паунд пилешки бутчета без кост и кожа, нарязани на хапки
- 3 супени лъжици растително масло, разделени
- 1 обелен резен пресен джинджифил, приблизително колкото четвърт
- Кошерна сол
- 1 малка глава жълт лук, нарязана на хапки
- ½ червена чушка, нарязана на хапки
- ½ жълта или зелена чушка, нарязана на хапки
- 3 скилидки чесън, наситнени
- ⅓ чаша сос от черен боб или купен от магазина сос от черен боб

ИНСТРУКЦИИ:

a) В голяма купа разбъркайте светлата соя, сусамовото масло и царевичното нишесте заедно, докато царевичното нишесте се разтвори. Добавете пилето и го хвърлете в маринатата. Оставете пилето настрана да се маринова за 10 минути.

b) Загрейте уок тиган на средно силен огън, докато капка вода цвърчи и се изпари при контакт. Налейте 2 супени лъжици растително масло и завъртете, за да покриете основата на уока. Подправете маслото, като добавите джинджифила и щипка сол. Оставете джинджифила да цвърчи в маслото за около 30 секунди, като го разбърквате внимателно.

c) Прехвърлете пилето в уока и изхвърлете маринатата. Оставете парчетата да се запържат в уока за 2 до 3 минути. Обърнете, за да се запържи от другата страна за още 1 до 2 минути. Запържете, като разбърквате и обръщате бързо в уока за още 1 минута. Прехвърлете в чиста купа.

d) Добавете останалата 1 супена лъжица олио и хвърлете лука и чушките. Запържете бързо за 2 до 3 минути, като разбърквате и обръщате зеленчуците с уок шпатула, докато лукът изглежда полупрозрачен, но все още е с твърда структура. Добавете чесъна и пържете още 30 секунди, като разбърквате.

e) Върнете пилето в уока и добавете соса от черен боб. Хвърлете и обърнете, докато пилето и зеленчуците се покрият.

f) Прехвърлете в чиния, изхвърлете джинджифила и сервирайте горещо.

50. Пиле със зелен боб

СЪСТАВ:

- ¾ паунда обезкостени пилешки бутчета без кожа, нарязани напречно на ивици с размер на хапка
- 3 супени лъжици оризово вино Shaoxing, разделени
- 2 супени лъжици царевично нишесте
- Кошерна сол
- Люспи от червен пипер
- 3 супени лъжици растително масло, разделени
- 4 обелени резена пресен джинджифил, всеки с размер на четвърт
- ¾ килограм зелен фасул, подрязан и разполовен напречно по диагонал
- 2 супени лъжици лек соев сос
- 1 супена лъжица подправен оризов оцет
- ¼ чаша нарязани бадеми, препечени
- 2 супени лъжици сусамово масло

ИНСТРУКЦИИ:

a) В купа за смесване смесете пилето с 1 супена лъжица оризово вино, царевично нишесте, малка щипка сол и щипка люспи от червен пипер. Разбъркайте, за да се покрие равномерно пилето. Мариновайте за 10 минути.

b) Загрейте уок тиган на средно силен огън, докато капка вода цвърчи и се изпари при контакт. Налейте 2 супени лъжици растително масло и завъртете, за да покриете основата на уока. Подправете маслото, като добавите джинджифила и малка щипка сол. Оставете джинджифила да цвърчи в маслото за около 30 секунди, като го разбърквате внимателно.

c) Добавете пилето и марината към уока и разбърквайте за 3 до 4 минути или докато пилето леко се запържи и вече не е розово. Прехвърлете в чиста купа и оставете настрана.

d) Добавете останалата 1 супена лъжица растително масло и запържете зеления фасул за 2 до 3 минути или докато стане ярко зелен. Върнете пилето в уока и го разбъркайте заедно. Добавете останалите 2 супени лъжици оризово вино, лека соя и оцет. Разбъркайте, за да се комбинират и покрият и оставете зеления фасул да къкри още 3 минути или докато зеленият фасул омекне. Извадете джинджифила и го изхвърлете.

e) Сложете бадемите и ги прехвърлете в чиния. Полейте със сусамовото масло и сервирайте горещо.

51. Пиле в сусамов сос

СЪСТАВ:

- 3 големи белтъка
- 3 супени лъжици царевично нишесте, разделени
- 1½ супени лъжици лек соев сос, разделен
- 1 килограм пилешки бутчета без кост и кожа, нарязани на хапки
- 3 чаши растително масло
- 3 обелени резена пресен джинджифил, всеки с размер на четвърт
- Кошерна сол
- Люспи от червен пипер
- 3 скилидки чесън, едро нарязани
- ¼ чаша пилешки бульон с ниско съдържание на натрий
- 2 супени лъжици сусамово масло
- 2 лука, нарязани на ситно, за гарнитура
- 1 супена лъжица сусам, за гарнитура

ИНСТРУКЦИИ:

a) В купа за смесване, като използвате вилица или бъркалка, разбийте белтъците, докато станат на пяна и по-плътните бучки белтък се разпенят. Разбъркайте заедно 2 супени лъжици царевично нишесте и 2 чаени лъжички лека соя, докато се смесят добре. Сгънете пилето и мариновайте за 10 минути.
b) Изсипете олиото в уока; маслото трябва да е дълбоко около 1 до 1½ инча. Доведете маслото до 375°F на средно висока температура. Можете да разберете, че маслото е с правилната температура, когато потопите края на дървена лъжица в маслото. Ако маслото шупне и цвърчи около него, маслото е готово.
c) С помощта на решетъчна лъжица или уок скимер извадете пилето от марината и отърсете излишното. Внимателно се спускат в горещото олио. Запържете пилето на порции за 3 до 4 минути или докато пилето стане златистокафяво и хрупкаво на повърхността. Прехвърлете в чиния, покрита с хартиена кърпа.
d) Изсипете всичко освен 1 супена лъжица олио от уока и го поставете на средно силен огън. Завъртете маслото, за да покриете основата на уока. Подправете маслото, като добавите джинджифила и щипка сол и червен пипер на люспи. Оставете люспите от джинджифил и черен пипер да цвърчат в маслото за около 30 секунди, като ги разбърквате внимателно.
e) Добавете чесъна и запържете, като разбърквате и обръщате с шпатула уок за 30 секунди. Разбъркайте с пилешкия бульон, останалите 2½ чаени лъжички лека соя и останалата 1 супена лъжица царевично нишесте. Оставете да къкри за 4 до 5 минути, докато сосът се сгъсти и стане лъскав. Добавете сусамовото масло и разбъркайте, за да се комбинират.
f) Изключете котлона и добавете пърженото пиле, разбъркайте, за да се покрие със соса. Извадете джинджифила и го изхвърлете. Прехвърлете в чиния и гарнирайте с нарязания лук и сусам.

52. Сладко-кисело пиле

СЪСТАВ:

- 2 супени лъжици царевично нишесте и 2 супени лъжици вода
- 3 супени лъжици растително масло, разделени
- 4 резена пресен обелен джинджифил
- ¾ паунд пилешки бутчета без кост и кожа, нарязани на парчета
- ½ червена чушка, нарязана на ½-инчови парчета
- ½ зелена чушка, нарязана на ½-инчови парчета
- ½ глава жълт лук, нарязан на ½-инчови парчета
- 1 (8-унция) консерва на парчета ананас, отцедени, соковете са запазени
- 1 (4-унция) консерва нарязани водни кестени, отцедени
- ¼ чаша пилешки бульон с ниско съдържание на натрий
- 2 супени лъжици светлокафява захар
- 2 супени лъжици ябълков оцет
- 2 супени лъжици кетчуп
- 1 чаена лъжичка сос Worcestershire
- 3 лука, нарязани на ситно, за гарнитура

ИНСТРУКЦИИ:

a) В малка купа разбъркайте заедно царевичното нишесте и водата и оставете настрана.

b) Загрейте уок тиган на средно силен огън, докато капка вода цвърчи и се изпари при контакт. Налейте 2 супени лъжици олио и завъртете, за да покриете основата на уока. Подправете маслото, като добавите джинджифила и щипка сол. Оставете джинджифила да цвърчи в маслото за около 30 секунди, като го разбърквате внимателно.

c) Добавете пилето и запържете срещу уока за 2 до 3 минути. Обърнете и хвърлете пилето, като разбърквате за още около 1 минута или докато спре да става розово. Прехвърлете в купа и оставете настрана.

d) Добавете останалата 1 супена лъжица масло и разбъркайте, за да покриете. Запържете червените и зелените чушки и лука за 3 до 4 минути, докато омекнат и станат полупрозрачни. Добавете ананаса и водните кестени и продължете да пържите с разбъркване още една минута. Добавете зеленчуците към пилето и оставете настрана.

e) Изсипете заделения сок от ананас, пилешкия бульон, кафявата захар, оцета, кетчупа и соса Worcestershire в уока и оставете да заври. Поддържайте котлона на средно силен и гответе за около 4 минути, докато течността намалее наполовина.

f) Върнете пилето и зеленчуците в уока и разбъркайте, за да се смесят със соса. Разбъркайте бързо сместа от царевично нишесте и вода и добавете към уока. Хвърлете и обърнете всичко наоколо, докато царевичното нишесте започне да сгъстява соса, ставайки лъскав.

g) Изхвърлете джинджифила, прехвърлете го в чиния, гарнирайте с лука и сервирайте горещ.

53. Moo Goo Gai Pan

СЪСТАВ:

- 1 супена лъжица лек соев сос
- 1 супена лъжица оризово вино Shaoxing
- 2 супени лъжици сусамово масло
- ¾ паунд пилешки гърди без кост и кожа, нарязани на филийки
- ½ чаша пилешки бульон с ниско съдържание на натрий
- 2 супени лъжици сос от стриди
- 1 чаена лъжичка захар
- 1 супена лъжица царевично нишесте
- 3 супени лъжици растително масло, разделени
- 4 резена пресен обелен джинджифил
- 4 унции пресни гъби, нарязани на тънко
- 1 (4-унция) консерва нарязани бамбукови издънки, отцедени
- 1 (4-унция) консерва нарязани водни кестени, отцедени
- 1 скилидка чесън, смлян на ситно

ИНСТРУКЦИИ:

a) В голяма купа разбийте заедно светлата соя, оризовото вино и сусамовото масло до гладкост. Добавете пилето и го разбъркайте. Мариновайте за 15 минути.

b) В малка купа разбийте заедно пилешкия бульон, соса от стриди, захарта и царевичното нишесте до гладкост и оставете настрана.

c) Загрейте уок тиган на средно силен огън, докато капка вода цвърчи и се изпари при контакт. Налейте 2 супени лъжици растително масло и завъртете, за да покриете основата на уока. Подправете маслото, като добавите джинджифила и малка щипка сол. Оставете джинджифила да цвърчи в маслото за около 30 секунди, като го разбърквате внимателно.

d) Добавете пилето и изхвърлете марината. Разбърквайте за 2 до 3 минути, докато пилето вече не е розово. Прехвърлете в чиста купа и оставете настрана.

e) Добавете останалата 1 супена лъжица растително масло. Запържете гъбите за 3 до 4 минути, като ги разбърквате и обръщате бързо. Веднага след като гъбите изсъхнат, спрете пърженето и оставете гъбите да престоят на горещия уок за около минута.

f) Добавете бамбуковите издънки, водните кестени и чесъна. Запържете за 1 минута или докато чесънът започне да ароматизира. Върнете пилето в уока и го разбъркайте.

g) Разбъркайте соса заедно и добавете към уока. Запържете и гответе, докато сосът започне да кипи, около 45 секунди. Продължете да хвърляте и обръщате, докато сосът се сгъсти и стане лъскав. Извадете джинджифила и го изхвърлете.

54. Яйце Фу Йонг

СЪСТАВ:

- 5 големи яйца, на стайна температура
- Кошерна сол
- Смлян бял пипер
- ½ чаша тънко нарязани шапки от гъби шийтаке
- ½ чаша замразен грах, размразен
- 2 лука, нарязани
- 2 супени лъжици сусамово масло
- ½ чаша пилешки бульон с ниско съдържание на натрий
- 1½ супени лъжици сос от стриди
- 1 супена лъжица оризово вино Shaoxing
- ½ чаена лъжичка захар
- 2 супени лъжици лек соев сос
- 1 супена лъжица царевично нишесте
- 3 супени лъжици растително масло
- Варен ориз, за сервиране

ИНСТРУКЦИИ:

a) В голяма купа разбийте яйцата с щипка сол и бял пипер. Разбъркайте гъбите, граха, лука и сусамовото масло. Заделени.

b) Направете соса, като задушите пилешкия бульон, соса от стриди, оризовото вино и захарта в малка тенджера на среден огън. В малка стъклена мерителна чаша разбийте светлата соя и царевичното нишесте, докато царевичното нишесте се разтвори напълно. Изсипете сместа от царевично нишесте в соса, като бъркате непрекъснато и гответе 3 до 4 минути, докато сосът стане достатъчно гъст, за да покрие гърба на лъжицата. Покрийте и оставете настрана.

c) Загрейте уок тиган на средно силен огън, докато капка вода цвърчи и се изпари при контакт. Налейте растителното масло и завъртете, за да покриете основата на уока. Добавете яйчената смес и гответе, като въртите и разклащате уока, докато долната страна стане златиста. Плъзнете омлета от тигана върху чиния и обърнете върху уока или обърнете с шпатула, за да изпечете другата страна до златисто. Плъзнете омлета върху чиния за сервиране и сервирайте върху сварен ориз с лъжица сос.

55. Пържено яйце с домати

СЪСТАВ:

- 4 големи яйца, на стайна температура
- 1 чаена лъжичка оризово вино Shaoxing
- ½ чаена лъжичка сусамово масло
- ½ чаена лъжичка кошер сол
- Прясно смлян черен пипер
- 3 супени лъжици растително масло, разделени
- 2 обелени резена пресен джинджифил, всеки с размер на четвърт
- 1-килограмови гроздови или чери домати
- 1 чаена лъжичка захар
- Варен ориз или юфка, за сервиране

ИНСТРУКЦИИ:

а) В голяма купа разбийте яйцата. Добавете оризовото вино, сусамовото масло, солта и щипка черен пипер и продължете да разбивате, докато се смесят.

b) Загрейте уок тиган на средно силен огън, докато капка вода цвърчи и се изпари при контакт. Налейте 2 супени лъжици растително масло и завъртете, за да покриете основата на уока. Разбъркайте яйчената смес в горещия уок. Завъртете и разклатете яйцата, за да се сготвят. Прехвърлете яйцата в чиния за сервиране, когато са току-що сварени, но не и сухи. Палатка с фолио за стопляне.

c) Добавете останалата 1 супена лъжица растително масло към уока. Подправете маслото, като добавите джинджифила и щипка сол. Оставете джинджифила да цвърчи в маслото за около 30 секунди, като го разбърквате внимателно.

d) Добавете доматите и захарта, като разбърквате, за да се покрие с маслото. Покрийте и гответе около 5 минути, като разбърквате от време на време, докато доматите омекнат и пуснат сока си. Изхвърлете резените джинджифил и овкусете доматите със сол и черен пипер.

e) Сложете доматите върху яйцата и сервирайте върху варен ориз или юфка.

56. Скариди и бъркани яйца

СЪСТАВ:

- 2 супени лъжици кошер сол, плюс повече за подправка
- 2 супени лъжици захар
- 2 чаши студена вода
- 6 унции средни скариди (U41–50), обелени и без жилки
- 4 големи яйца, на стайна температура
- ½ чаена лъжичка сусамово масло
- Прясно смлян черен пипер
- 2 супени лъжици растително масло, разделени
- 2 обелени резена пресен джинджифил, всеки с размер на четвърт
- 2 скилидки чесън, нарязани на ситно
- 1 връзка див лук, нарязан на ½-инчови парчета

ИНСТРУКЦИИ:

а) В голяма купа разбийте солта и захарта във водата, докато се разтворят. Добавете скаридите към саламурата. Покрийте и охладете за 10 минути.

b) Отцедете скаридите в гевгир и ги изплакнете. Изхвърлете саламурата. Разстелете скаридите върху покрита с хартиена кърпа тава за печене и ги подсушете.

c) В друга голяма купа разбийте яйцата със сусамовото масло и щипка сол и черен пипер, докато се смесят. Заделени.

d) Загрейте уок тиган на средно силен огън, докато капка вода цвърчи и се изпари при контакт. Налейте 1 супена лъжица растително масло и завъртете, за да покриете основата на уока. Подправете маслото, като добавите джинджифила и щипка сол. Оставете джинджифила да цвърчи в маслото за около 30 секунди, като го разбърквате внимателно.

e) Добавете чесъна и запържете за кратко, за да овкусите маслото, около 10 секунди. Не оставяйте чесъна да покафенее или да изгори. Добавят се скаридите и се пържат около 2 минути, докато порозовеят. Прехвърлете в чиния и изхвърлете джинджифила.

f) Върнете уока на котлона и добавете останалата 1 супена лъжица растително масло. Когато олиото е горещо, завъртете яйчената смес в уока. Завъртете и разклатете яйцата, за да се сготвят. Добавете лука в тигана и продължете да готвите, докато яйцата се сварят, но не изсъхнат. Върнете скаридите в тигана и ги разбъркайте. Прехвърлете в чиния за сервиране.

57. Пикантен яйчен крем на пара

СЪСТАВ:

- 4 големи яйца, на стайна температура
- 1¾ чаши пилешки бульон с ниско съдържание на натрий или филтрирана вода
- 2 супени лъжици оризово вино Shaoxing
- ½ чаена лъжичка кошер сол
- 2 лука, само зелената част, тънко нарязани
- 4 супени лъжици сусамово масло

ИНСТРУКЦИИ:

а) В голяма купа разбийте яйцата. Добавете бульона и оризовото вино и разбийте, за да се комбинират. Прецедете яйчената смес през сито с фина мрежа, поставено върху мерителна чаша за течност, за да отстраните въздушните мехурчета. Изсипете яйчената смес в 4 (6-унции) рамекини. С къдраво ножче избийте всички балончета по повърхността на яйчената смес. Покрийте рамекините с алуминиево фолио.

b) Изплакнете бамбукова кошница за готвене на пара и нейния капак под студена вода и я поставете в уока. Налейте 2 инча вода или докато излезе над долния ръб на уреда за пара с ¼ до ½ инча, но не толкова, че да докосне дъното на кошницата. Поставете рамекините в кошницата на парахода. Покрийте с капака.

c) Оставете водата да заври, след което намалете котлона до слаб огън. Варете на пара на слаб огън за около 10 минути или докато яйцата стегнат.

d) Внимателно извадете рамекините от уреда за пара и украсете всеки крем с малко лук и няколко капки сусамово масло. Сервирайте веднага.

58. Китайски пържени пилешки крилца за вкъщи

СЪСТАВ:

- 10 цели пилешки крилца, измити и подсушени
- ⅛ чаена лъжичка черен пипер
- ¼ чаена лъжичка бял пипер
- ¼ чаена лъжичка чесън на прах
- 1 чаена лъжичка сол
- ½ чаена лъжичка захар
- 1 супена лъжица соев сос
- 1 супена лъжица вино Shaoxing
- 1 чаена лъжичка сусамово масло
- 1 яйце
- 1 супена лъжица царевично нишесте
- 2 супени лъжици брашно
- олио, за пържене

ИНСТРУКЦИИ:

a) Комбинирайте всички съставки (с изключение на маслото за пържене, разбира се) в голяма купа за смесване. Разбъркайте всичко, докато крилцата се покрият добре.
b) Оставете крилцата да се маринoват за 2 часа на стайна температура или в хладилника за една нощ за най-добри резултати.
c) След мариноване, ако изглежда, че има течност в крилцата, не забравяйте да ги разбъркате добре отново. Крилата трябва да са добре намазани с тънък блат. Ако все още изглежда твърде воднисто, добавете още малко царевично нишесте и брашно.

d) Напълнете среден съд около ⅔ нагоре с масло и го загрейте до 325 градуса F.
e) Запържете крилцата на малки партиди за 5 минути и извадете в тава, покрита с хартиени кърпи. След като всички крилца са изпържени, връщайте ги на порции в олиото и отново пържете за 3 минути.
f) Отцедете върху хартиени кърпи или решетка за охлаждане и сервирайте с горещ сос!

59. Тайландско пиле с босилек

СЕРВИРА 4

СЪСТАВ:

- 3 до 4 супени лъжици масло
- 3 тайландски птичи или холандски люти чушки
- 3 шалот, тънко нарязани
- 5 скилидки чесън, нарязани
- 1-килограмово смляно пиле
- 2 супени лъжици захар или мед
- 2 супени лъжици соев сос
- 1 супена лъжица рибен сос
- ⅓ чаша пилешки бульон или вода с ниско съдържание на натрий
- 1 връзка свещен босилек или листа от тайландски босилек

ИНСТРУКЦИИ:

a) В уок на силен огън добавете олиото, лютите чушки, шалот и чесъна и запържете за 1-2 минути.
b) Добавете смляното пиле и запържете при разбъркване за 2 минути, като начупите пилето на малки парчета.
c) Добавете захарта, соевия сос и рибения сос. Запържваме още минута и тенджерата се отглазира с бульона. Тъй като тиганът ви е на силен огън, течността трябва да се свари много бързо.
d) Добавете босилека и запържете, докато омекне.
e) Сервирайте върху ориз.

60. Задушено свинско шкембе

СЪСТАВ:

- 3/4 паунда постно свинско коремче, с кожа
- 2 супени лъжици масло
- 1 супена лъжица захар (каменна захар е за предпочитане, ако имате)
- 3 супени лъжици вино Shaoxing
- 1 супена лъжица обикновен соев сос
- ½ супена лъжица тъмен соев сос
- 2 чаши вода

ИНСТРУКЦИИ:

a) Започнете, като нарежете свинския корем на парчета с дебелина ¾ инча.
b) Оставете тенджера с вода да заври. Бланширайте парчетата свинско коремче за няколко минути. Това премахва примесите

и започва процеса на готвене. Извадете свинското от тенджерата, изплакнете и оставете настрана.

c) На слаб огън добавете олиото и захарта към вашия уок. Разтопете леко захарта и добавете свинското месо. Увеличете котлона до среден и гответе, докато свинското месо леко покафенее.

d) Намалете котлона отново до ниска и добавете вино за готвене Shaoxing, обикновен соев сос, тъмен соев сос и вода.

e) Покрийте и оставете да къкри за около 45 минути до 1 час, докато свинското месо омекне. На всеки 5-10 минути разбърквайте, за да не загори и добавете още вода, ако стане прекалено сухо.

f) След като свинското месо е омекнало, ако все още има много видима течност, открийте уока, увеличете котлона и разбърквайте непрекъснато, докато сосът се редуцира до блестящо покритие.

61. Пържени домати и говеждо месо

СЪСТАВ:

- ¾ паунд пържола или пържола, нарязана срещу зърното на филийки с дебелина ¼ инча
- 1½ супени лъжици царевично нишесте, разделени
- 1 супена лъжица оризово вино Shaoxing
- Кошерна сол
- Смлян бял пипер
- 1 супена лъжица доматено пюре
- 2 супени лъжици лек соев сос
- 1 чаена лъжичка сусамово масло
- 1 чаена лъжичка захар
- 2 супени лъжици вода
- 2 супени лъжици растително масло
- 4 обелени резена пресен джинджифил, всеки с размер на четвърт
- 1 голям шалот, нарязан на тънко
- 2 скилидки чесън, смлени на ситно
- 5 големи домата, всеки нарязан на 6 клина

- 2 лука, белите и зелените части разделени, нарязани на ситно

ИНСТРУКЦИИ:

a) В малка купа смесете говеждото с 1 супена лъжица царевично нишесте, оризово вино и малка щипка сол и бял пипер. Оставете настрана за 10 минути.

b) В друга малка купа разбъркайте останалите ½ супена лъжица царевично нишесте, доматено пюре, лека соя, сусамово масло, захар и вода. Заделени.

c) Загрейте уок тиган на средно силен огън, докато капка вода цвърчи и се изпари при контакт. Налейте растителното масло и завъртете, за да покриете основата на уока. Подправете маслото, като добавите джинджифила и щипка сол. Оставете джинджифила да цвърчи в маслото за около 30 секунди, като го разбърквате внимателно.

d) Прехвърлете говеждото в уока и го запържете за 3 до 4 минути, докато спре да порозовява. Добавете шалота и чесъна и разбърквайте за 1 минута. Добавете доматите и белтъците от лук и продължете да пържите.

e) Разбъркайте соса и продължете да пържите с разбъркване за 1 до 2 минути или докато говеждото и доматите се покрият и сосът леко се сгъсти.

f) Изхвърлете джинджифила, прехвърлете го в чиния и украсете със зеления лук. Сервирайте горещ.

62. Телешко и броколи

СЪСТАВ:

- ¾ фунтова пържола, нарязана напречно на филийки с дебелина ¼ инча
- 1 супена лъжица сода бикарбонат
- 1 супена лъжица царевично нишесте
- 4 супени лъжици вода, разделени
- 2 супени лъжици сос от стриди
- 2 супени лъжици оризово вино Shaoxing
- 2 супени лъжици светлокафява захар
- 1 супена лъжица сос хойсин
- 2 супени лъжици растително масло
- 4 обелени резенчета пресен джинджифил, с големината на една четвърт
- Кошерна сол
- 1-килограмови броколи, нарязани на розички
- 2 скилидки чесън, смлени на ситно

ИНСТРУКЦИИ:

a) В малка купа смесете говеждото месо и содата за хляб. Оставете настрана за 10 минути. Изплакнете говеждото много добре и след това го подсушете с хартиени кърпи.

b) В друга малка купа разбъркайте царевичното нишесте с 2 супени лъжици вода и смесете със соса от стриди, оризовото вино, кафявата захар и соса хойсин. Заделени.

c) Загрейте уок тиган на средно силен огън, докато капка вода цвърчи и се изпари при контакт. Налейте олиото и завъртете, за да покриете основата на уока. Подправете маслото, като добавите джинджифила и щипка сол. Оставете джинджифила да цвърчи в маслото за около 30 секунди, като го разбърквате внимателно. Добавете говеждото към уока и запържете при разбъркване за 3 до 4 минути, докато спре да порозовява. Прехвърлете говеждото месо в купа и го оставете настрана.

d) Добавете броколите и чесъна и запържете за 1 минута, след което добавете останалите 2 супени лъжици вода. Покрийте уока и задушете броколите на пара за 6 до 8 минути, докато станат хрупкави.

e) Върнете говеждото месо в уока и разбъркайте в соса за 2 до 3 минути, докато се покрие напълно и сосът леко се сгъсти. Изхвърлете джинджифила, прехвърлете го в чиния и сервирайте горещ.

63. Телешко пържено с черен пипер

СЪСТАВ:

- 1 супена лъжица сос от стриди
- 1 супена лъжица оризово вино Shaoxing
- 2 супени лъжици царевично нишесте
- 2 супени лъжици лек соев сос
- Смлян бял пипер
- ¼ чаена лъжичка захар
- ¾ килограма говеждо филе или филе, нарязани на 1-инчови парчета
- 3 супени лъжици растително масло
- 3 обелени резена пресен джинджифил, всеки с размер на четвърт
- Кошерна сол
- 1 зелена чушка, нарязана на ивици с ширина ½ инча
- 1 малка глава червен лук, нарязана на ситно
- 1 чаена лъжичка прясно смлян черен пипер или повече на вкус

- 2 супени лъжици сусамово масло

ИНСТРУКЦИИ:

a) В купа за смесване разбъркайте заедно соса от стриди, оризовото вино, царевичното нишесте, леката соя, щипка бял пипер и захарта. Хвърлете говеждото да се покрие и мариновайте за 10 минути.

b) Загрейте уок тиган на средно силен огън, докато капка вода цвърчи и се изпари при контакт. Налейте растителното масло и завъртете, за да покриете основата на уока. Добавете джинджифила и щипка сол. Оставете джинджифила да цвърчи в маслото за около 30 секунди, като го разбърквате внимателно.

c) С помощта на щипки прехвърлете говеждото в уока и изхвърлете останалата марината. Запържете срещу уока за 1 до 2 минути или докато се образува кафява запечена коричка. Обърнете говеждото и го запържете от другата страна, още 2 минути. Запържете, като разбърквате и обръщате в уока за още 1 до 2 минути, след което прехвърлете говеждото в чиста купа.

d) Добавете чушката и лука и запържете при разбъркване за 2 до 3 минути, или докато зеленчуците изглеждат блестящи и нежни. Върнете говеждото месо в уока, добавете черния пипер и запържете заедно за още 1 минута.

e) Изхвърлете джинджифила, прехвърлете го в чиния и напръскайте сусамовото масло отгоре. Сервирайте горещ.

64. Телешко със сусам

СЪСТАВ:

- 1 супена лъжица лек соев сос
- 2 супени лъжици сусамово масло, разделени
- 2 супени лъжици царевично нишесте, разделени
- 1-килограмова закачалка, пола или плоска пържола, нарязани на ивици с дебелина ¼ инча
- ½ чаша прясно изцеден портокалов сок
- ½ чаена лъжичка оризов оцет
- 1 чаена лъжичка шрирача (по избор)
- 1 чаена лъжичка светлокафява захар
- Кошерна сол
- Прясно смлян черен пипер
- 3 супени лъжици растително масло, разделени
- 4 обелени резена пресен джинджифил, всеки с размер на четвърт
- 1 малка глава жълт лук, нарязан на ситно
- 3 скилидки чесън, смлени
- ½ супена лъжица бял сусам, за гарнитура

ИНСТРУКЦИИ:

a) В голяма купа разбъркайте светлата соя, 1 супена лъжица сусамово масло и 1 чаена лъжичка царевично нишесте, докато царевичното нишесте се разтвори. Добавете говеждото месо и го хвърлете в маринатата. Оставете настрана да се маринова за 10 минути, докато приготвите соса.

b) В стъклена мерителна чаша разбъркайте заедно портокаловия сок, останалата 1 супена лъжица сусамово масло, оризовия оцет, шрирача (ако използвате), кафявата захар, останалата 1 чаена лъжичка царевично нишесте и по щипка сол и черен пипер. Разбъркайте, докато царевичното нишесте се разтвори и оставете настрана.

c) Загрейте уок тиган на средно силен огън, докато капка вода цвърчи и се изпари при контакт. Налейте 2 супени лъжици растително масло и завъртете, за да покриете основата на уока. Подправете маслото, като добавите джинджифила и щипка сол. Оставете джинджифила да цвърчи в маслото за около 30 секунди, като го разбърквате внимателно.

d) С помощта на щипки прехвърлете говеждото в уока и изхвърлете маринатата. Оставете парчетата да се запържат в уока за 2 до 3 минути. Обърнете, за да се запържи от другата страна за още 1 до 2 минути. Запържете, като разбърквате и обръщате бързо в уока за още 1 минута. Прехвърлете в чиста купа.

e) Добавете останалата 1 супена лъжица растително масло и хвърлете лука. Запържете бързо, като разбърквате и обръщате лука с шпатула за уок за 2 до 3 минути, докато лукът изглежда полупрозрачен, но все още е с твърда структура. Добавете чесъна и пържете още 30 секунди, като разбърквате.

f) Завъртете в соса и продължете да готвите, докато сосът започне да се сгъстява. Върнете говеждото в уока, като го разбърквате и обръщате, така че говеждото и лукът да се покрият със сос. Подправете на вкус със сол и черен пипер.

g) Прехвърлете в чиния, изхвърлете джинджифила, поръсете със сусамовите семена и сервирайте горещо.

65. Монголско говеждо

СЪСТАВ:

- 2 супени лъжици оризово вино Shaoxing
- 1 супена лъжица тъмен соев сос
- 1 супена лъжица царевично нишесте, разделено
- ¾ паунд пържола, нарязана срещу зърното на филийки с дебелина ¼ инча
- ¼ чаша пилешки бульон с ниско съдържание на натрий
- 1 супена лъжица светлокафява захар
- 1 чаша растително масло
- 4 или 5 цели сушени червени китайски люти чушки
- 4 скилидки чесън, едро нарязани
- 1 чаена лъжичка обелен и ситно смлян пресен джинджифил
- ½ глава жълт лук, нарязан на ситно
- 2 супени лъжици едро нарязан пресен кориандър

ИНСТРУКЦИИ:

a) В купа за смесване разбъркайте заедно оризовото вино, тъмната соя и 1 супена лъжица царевично нишесте. Добавете нарязаната пържола и я разбъркайте. Оставете настрана и мариновайте за 10 минути.

b) Изсипете олиото в уок тиган и го загрейте до 375°F на средно висока температура. Можете да разберете, че маслото е с правилната температура, когато потопите края на дървена лъжица в маслото. Ако маслото шупне и цвърчи около него, маслото е готово.

c) Повдигнете говеждото от маринатата, като запазите маринатата. Добавете телешкото към олиото и запържете 2-3 минути, докато хване златиста коричка. С помощта на уок скимер прехвърлете говеждото в чиста купа и го оставете настрана. Добавете пилешкия бульон и кафявата захар към купата за марината и разбъркайте, за да се комбинират.

d) Изсипете всичко освен 1 супена лъжица олио от уока и го поставете на средно силен огън. Добавете лютите чушки, чесъна и джинджифила. Оставете ароматните вещества да цвърчат в маслото за около 10 секунди, като ги разбърквате внимателно.

e) Добавете лука и запържете за 1 до 2 минути, или докато лукът омекне и стане полупрозрачен. Добавете сместа от пилешки бульон и разбъркайте, за да се комбинират. Оставете да къкри за около 2 минути, след това добавете говеждото и разбъркайте всичко заедно за още 30 секунди.

f) Прехвърлете в чиния, гарнирайте с кориандъра и сервирайте горещо.

66. Съчуанско говеждо с целина и моркови

СЪСТАВ:

- 2 супени лъжици оризово вино Shaoxing
- 1 супена лъжица тъмен соев сос
- 2 супени лъжици сусамово масло
- ¾ паунд пържола или пържола, нарязана срещу зърното
- 1 супена лъжица сос хойсин
- 2 супени лъжици лек соев сос
- 2 супени лъжици царевично нишесте, разделени
- ¼ чаена лъжичка китайски пет подправки на прах
- 1 чаена лъжичка съчуански черен пипер, счукан
- 4 резена пресен обелен джинджифил
- 3 скилидки чесън, леко счукани
- 2 стръка целина, нарязани на 3-инчови ленти
- 1 голям морков, обелен и нарязан на 3-инчови ленти
- 2 лука, нарязани на ситно

ИНСТРУКЦИИ:

a) В купа за смесване разбъркайте заедно оризовото вино, тъмната соя и сусамовото масло.

b) Добавете говеждото и разбъркайте, за да се комбинират. Оставете настрана за 10 минути.

c) В малка купа смесете сос хойсин, светла соя, вода, 1 супена лъжица царевично нишесте и пет подправки на прах. Заделени.

d) Загрейте уок тиган на средно силен огън, докато капка вода цвърчи и се изпари при контакт. Налейте растителното масло и завъртете, за да покриете основата на уока. Подправете маслото, като добавите черен пипер, джинджифил и чесън. Оставете ароматните вещества да цвърчат в маслото за около 10 секунди, като ги разбърквате внимателно.

e) Хвърлете говеждото месо в останалата 1 супена лъжица царевично нишесте за покритие и добавете към уока. Запържете говеждото до стената на уока за 1 до 2 минути или докато се образува златисто-кафява запечена коричка. Обърнете и запържете от другата страна за още една минута. Хвърлете и обърнете още около 2 минути, докато говеждото вече не е розово.

f) Преместете говеждото отстрани на уока и добавете целината и моркова в центъра. Запържвайте, като разбърквате и обръщате, докато зеленчуците омекнат, още 2 до 3 минути. Разбъркайте сместа от соса хойсин и изсипете в уока. Продължете да пържите, като намажете говеждото и зеленчуците със соса за 1 до 2 минути, докато сосът започне да се сгъстява и стане лъскав. Отстранете джинджифила и чесъна и ги изхвърлете.

67. Чаши от говеждо маруля Хойсин

СЪСТАВ:

- ¾ паунд смляно говеждо месо
- 2 супени лъжици царевично нишесте
- Кошерна сол
- Прясно смлян черен пипер
- 3 супени лъжици растително масло, разделени
- 1 супена лъжица обелен и ситно смлян джинджифил
- 2 скилидки чесън, смлени на ситно
- 1 морков, обелен и жулиен
- 1 (4-унция) консерва нарязани на кубчета водни кестени, отцедени и изплакнати
- 2 супени лъжици сос hoisin
- 3 лука, белите и зелените части разделени, нарязани на ситно
- 8 широки листа от маруля айсберг (или Bibb), подрязани в спретнати кръгли чаши

ИНСТРУКЦИИ:

a) В купа поръсете телешкото с царевичното нишесте и по щипка сол и черен пипер. Разбъркайте добре, за да се комбинират.

b) Загрейте уок тиган на средно силен огън, докато капка вода зацвърчи и се изпари при контакт. Налейте 2 супени лъжици олио и завъртете, за да покриете основата на уока. Добавете говеждото и запържете от двете страни, след това разбъркайте и обърнете, раздробявайки говеждото на трохи и бучки за 3 до 4 минути, докато говеждото вече не е розово. Прехвърлете говеждото месо в чиста купа и го оставете настрана.

c) Избършете уока и го върнете на среден огън. Добавете останалата 1 супена лъжица масло и бързо запържете джинджифила и чесъна с щипка сол. Веднага след като чесънът се ухае, хвърлете моркова и водните кестени за 2 до 3 минути, докато морковът омекне. Намалете топлината до средна, върнете говеждото в уока и разбъркайте със соса хойсин и белтъците от лука. Хвърлете, за да комбинирате, около още 45 секунди.

d) Разстелете листата маруля, по 2 в чиния, и равномерно разпределете телешката смес между листата маруля. Гарнирайте със зеления лук и хапнете като меко тако.

68. Пържени свински пържоли с лук

СЪСТАВ:

- 4 свински пържоли без кости
- 1 супена лъжица вино Shaoxing
- ½ чаена лъжичка прясно смлян черен пипер
- Кошерна сол
- 3 чаши растително масло
- 2 супени лъжици царевично нишесте
- 3 обелени резена пресен джинджифил, всеки с размер на четвърт
- 1 средно голяма глава жълт лук, нарязан на ситно
- 2 скилидки чесън, смлени на ситно
- 2 супени лъжици лек соев сос
- 1 чаена лъжичка тъмен соев сос
- ½ чаена лъжичка червен винен оцет
- захар

ИНСТРУКЦИИ:

a) Начукайте свинските котлети с чук за месо, докато станат с дебелина ½ инча. Поставете в купа и подправете с оризовото вино, черен пипер и малка щипка сол. Мариновайте за 10 минути.

b) Изсипете олиото в уока; маслото трябва да е дълбоко около 1 до 1½ инча. Доведете маслото до 375°F на средно висока температура. Можете да разберете, че маслото е с правилната температура, когато потопите края на дървена лъжица в маслото. Ако маслото шупне и цвърчи около него, маслото е готово.

c) Работейки на 2 партиди, покрийте котлетите с царевичното нишесте. Внимателно ги спуснете един по един в олиото и пържете за 5 до 6 минути, докато станат златисти. Прехвърлете в чиния, покрита с хартиена кърпа.

d) Изсипете всичко освен 1 супена лъжица олио от уока и го поставете на средно силен огън. Подправете маслото, като добавите джинджифила и щипка сол. Оставете джинджифила да цвърчи в маслото за около 30 секунди, като го разбърквате внимателно.

e) Запържете лука за около 4 минути, докато стане прозрачен и омекне. Добавете чесъна и запържете, като разбърквате, още 30 секунди или докато се появи аромат. Прехвърлете в чинията със свинските пържоли.

f) В уока изсипете светлата соя, тъмната соя, червения винен оцет и щипка захар и разбъркайте, за да се комбинират. Оставете да заври и върнете лука и свинските пържоли в уока. Разбъркайте, докато сосът започне да се сгъстява леко. Извадете джинджифила и го изхвърлете. Прехвърлете в чиния и сервирайте веднага.

69. Свинско с пет подправки с Бок Чой

СЪСТАВ:

- 1 супена лъжица лек соев сос
- 1 супена лъжица оризово вино Shaoxing
- 1 чаена лъжичка китайски пет подправки на прах
- 1 чаена лъжичка царевично нишесте
- ½ чаена лъжичка светлокафява захар
- ¾ паунд смляно свинско месо
- 2 супени лъжици растително масло
- 2 скилидки чесън, обелени и леко натрошени
- Кошерна сол
- 2 до 3 глави бок чой, нарязани напречно на хапки
- 1 морков, обелен и жулиен
- Варен ориз, за сервиране

ИНСТРУКЦИИ:

a) В купа за смесване разбъркайте светлата соя, оризовото вино, петте подправки на прах, царевичното нишесте и кафявата захар. Добавете свинското и разбъркайте внимателно, за да се комбинират. Оставете настрана да се маринова за 10 минути.

b) Загрейте уок тиган на средно силен огън, докато капка вода цвърчи и се изпари при контакт. Налейте олиото и завъртете, за да покриете основата на уока. Овкусете маслото, като добавите чесъна и щипка сол. Оставете чесъна да пържи в олиото за около 10 секунди, като го разбърквате леко.

c) Добавете свинско към уока и го оставете да се запече срещу стените на уока за 1 до 2 минути или докато се образува златиста коричка. Обърнете и запържете от другата страна за още минута. Разбъркайте и обърнете, за да запържите свинското за още 1 до 2 минути, като го раздробявате на трохи и бучки, докато спре да порозовява.

d) Добавете бок чой и моркова и разбъркайте и обърнете, за да комбинирате със свинското. Продължете да пържите с разбъркване за 2 до 3 минути, докато морковът и бок чой омекнат. Прехвърлете в плато и сервирайте горещо със задушен ориз.

70. Хойсин свинско пържене

СЪСТАВ:

- 2 супени лъжици оризово вино Shaoxing
- 2 супени лъжици лек соев сос
- ½ чаена лъжичка чили паста
- ¾ паунд свинско филе без кости, тънко нарязано на ивици жулиен
- 2 супени лъжици растително масло
- 4 обелени резена пресен джинджифил, всеки с размер на четвърт
- Кошерна сол
- 4 унции снежен грах, тънко нарязан по диагонала
- 2 супени лъжици сос hoisin
- 1 супена лъжица вода

ИНСТРУКЦИИ:

a) В купа разбъркайте заедно оризовото вино, светлата соя и пастата от чили. Добавете свинското месо и го разбъркайте. Оставете настрана да се маринова за 10 минути.

b) Загрейте уок тиган на средно силен огън, докато капка вода цвърчи и се изпари при контакт. Налейте олиото и завъртете, за да покриете основата на уока. Подправете маслото, като добавите джинджифила и щипка сол. Оставете джинджифила да цвърчи в маслото за около 30 секунди, като го разбърквате внимателно.

c) Добавете свинското месо и марината и запържете при разбъркване за 2 до 3 минути, докато спре да порозовява. Добавете снежния грах и разбърквайте за около 1 минута, докато омекне и стане полупрозрачен. Разбъркайте соса хойсин и водата, за да разхлабите соса. Продължете да хвърляте и обръщате за 30 секунди или докато сосът се загрее и свинското и снежният грах се покрият.

d) Прехвърлете в чиния и сервирайте горещо.

71. Два пъти приготвено свинско коремче

СЪСТАВ:

- 1-килограмово свинско коремче без кост
- ⅓ чаша сос от черен боб или купен от магазина сос от черен боб
- 1 супена лъжица оризово вино Shaoxing
- 1 чаена лъжичка тъмен соев сос
- ½ чаена лъжичка захар
- 2 супени лъжици растително масло, разделени
- 4 резена пресен обелен джинджифил
- Кошерна сол
- 1 праз, разполовен по дължина и нарязан по диагонал
- ½ червена чушка, нарязана

ИНСТРУКЦИИ:

а) В голяма тенджера сложете свинското месо и го покрийте с вода. Оставете тигана да заври и след това намалете на бавен огън. Оставете да къкри без капак за 30 минути или докато свинското омекне и се свари. С решетъчна лъжица прехвърлете свинското месо в купа (изхвърлете течността от варенето) и оставете да изстине.

b) Охладете за няколко часа или за една нощ. След като свинското се охлади, нарежете го на филийки с дебелина ¼ инча и оставете настрана. Ако оставите свинското месо да се охлади напълно, преди да го нарежете, ще улесните нарязването му на тънки парчета.

c) В стъклена мерителна чаша разбъркайте заедно соса от черен боб, оризовото вино, тъмната соя и захарта и оставете настрана.

d) Загрейте уок тиган на средно силен огън, докато капка вода цвърчи и се изпари при контакт. Налейте 1 супена лъжица олио и разбъркайте, за да покриете основата на уока. Подправете маслото, като добавите джинджифила и щипка сол. Оставете джинджифила да цвърчи в маслото за около 30 секунди, като го разбърквате внимателно.

e) Работейки на партиди, прехвърлете половината свинско месо в уока. Оставете парчетата да се запържат в уока за 2 до 3 минути. Обърнете, за да се запържи от другата страна за още 1 до 2 минути, докато свинското започне да се навива. Прехвърлете в чиста купа. Повторете с останалото свинско месо.

f) Добавете останалата 1 супена лъжица масло. Добавете праза и червения пипер и бъркайте за 1 минута, докато празът омекне. Завъртете в соса и запържете, докато се ухае. Върнете свинското в тигана и продължете да пържите с разбъркване още 2 до 3 минути, докато всичко се свари. Изхвърлете резените джинджифил и ги прехвърлете в чиния за сервиране.

72. Свинско Му Шу с палачинки на тиган

СЪСТАВ:

За палачинките

- 1¾ чаши универсално брашно
- ¾ чаша вряща вода
- Кошерна сол
- 3 супени лъжици сусамово масло

За свинското му Шу

- 2 супени лъжици лек соев сос
- 1 чаена лъжичка царевично нишесте
- 1 чаена лъжичка оризово вино Shaoxing
- Смлян бял пипер
- ¾ паунда свинско филе без кости, нарязано срещу зърното
- 3 супени лъжици растително масло
- 2 супени лъжици обелен и ситно смлян пресен джинджифил
- 1 голям морков, обелен и тънко нарязан на 3 инча дължина
- 6 до 8 пресни гъби уши, нарязани на ивици жулиен

- ½ малка глава зелено зеле, настъргано
- 2 лука, нарязани на ½-инчови дължини
- 1 (4-унция) консерва нарязани бамбукови издънки, отцедени и жулиени
- ¼ чаша сос от сливи, за сервиране

ИНСТРУКЦИИ:

За приготвяне на палачинки

a) В голяма купа за смесване, като използвате дървена лъжица, разбъркайте заедно брашното, врящата вода и щипка сол. Разбъркайте всичко, докато стане пухкаво тесто. Прехвърлете тестото върху набрашнена дъска за рязане и месете на ръка за около 4 минути или докато стане гладко. Тестото ще бъде горещо, така че носете ръкавици за еднократна употреба, за да предпазите ръцете си. Върнете тестото в купата и го покрийте с найлоново фолио. Оставете да почине за 30 минути.

b) Оформете тестото в дънер с дължина 12 инча, като го разточите с ръце. Нарежете дънера на 12 равни части, като запазите кръглата форма, за да създадете медальони. Сплескайте медальоните с длани и намажете горната част със сусамовото олио. Притиснете намаслените страни една към друга, за да направите 6 купчини удвоени парчета тесто.

c) Разточете всяка купчина на един тънък кръгъл лист с диаметър 7 до 8 инча. Най-добре е докато навивате палачинката да я обръщате, за да постигнете еднаква тънкост и от двете страни.

d) Загрейте чугунен тиган на средно силен огън и изпечете палачинките една по една за около 1 минута от първата страна, докато стане леко полупрозрачна и започне да се образуват мехури. Обърнете, за да изпечете другата страна, още 30 секунди. Прехвърлете палачинката в чиния, постлана с кухненска кърпа и внимателно отделете двете палачинки.

За да направите свинско му Шу

e) В купа за смесване смесете светлата соя, царевичното нишесте, оризовото вино и щипка бял пипер. Добавете нарязаното свинско и разбъркайте, за да се покрие и мариновайте за 10 минути.

f) Загрейте уок тиган на средно силен огън, докато капка вода цвърчи и се изпари при контакт. Налейте растителното масло и завъртете, за да покриете основата на уока. Подправете маслото, като добавите джинджифила и щипка сол. Оставете джинджифила да цвърчи в маслото за около 10 секунди, като го разбърквате внимателно.

g) Добавете свинското и запържете при разбъркване 1 до 2 минути, докато спре да порозовява. Добавете моркова и гъбите и продължете да пържите с разбъркване още 2 минути или докато морковът омекне. Добавете зелето, лука и бамбуковите издънки и разбърквайте за още една минута или докато се загрее. Прехвърлете в купа и сервирайте, като с лъжица наредите свинския пълнеж в центъра на палачинка и полеете със сливов сос.

73. Свински ребра със сос от черен боб

СЪСТАВ:

- 1-килограмови свински ребра, нарязани напречно на ленти с ширина 1½ инча
- ¼ чаена лъжичка смлян бял пипер
- 2 супени лъжици сос от черен боб или купен от магазина сос от черен боб
- 1 супена лъжица оризово вино Shaoxing
- 1 супена лъжица растително масло
- 2 супени лъжици царевично нишесте
- ½-инчово парче пресен джинджифил, обелено и ситно смляно
- 2 скилидки чесън, смлени на ситно
- 1 чаена лъжичка сусамово масло
- 2 лука, нарязани на ситно

ИНСТРУКЦИИ:

a) Нарежете между ребрата, за да ги разделите на ребърца с размер на хапка. В плитка, топлоустойчива купа смесете ребрата и белия пипер. Добавете соса от черен боб, оризовото вино, растителното масло, царевичното нишесте, джинджифила и чесъна и разбъркайте, за да се комбинират, като се уверите, че ребрата са покрити. Мариновайте за 10 минути.

b) Изплакнете бамбукова кошница за готвене на пара и нейния капак под студена вода и я поставете в уока. Налейте 2 инча вода или докато излезе над долния ръб на уреда за пара с около ¼ до ½ инча, но не толкова, че да докосне дъното на кошницата. Поставете купата с ребрата в кошницата на паравара и покрийте.

c) Увеличете котлона до висока степен, за да заври водата, след което намалете котлона до средно висока. Варете на пара на средно силен огън за 20 до 22 минути или докато ребрата вече не са розови. Може да се наложи да допълните водата, така че продължавайте да проверявате, за да сте сигурни, че няма да изври суха в уока.

d) Извадете купата внимателно от кошницата на парахода. Поръсете ребрата със сусамовото масло и ги гарнирайте с лука. Сервирайте веднага.

74. Пържено монголско агнешко

СЪСТАВ:

- 2 супени лъжици оризово вино Shaoxing
- 1 супена лъжица тъмен соев сос
- 3 скилидки чесън, смлени
- 2 супени лъжици царевично нишесте
- 1 чаена лъжичка сусамово масло
- 1-килограмов агнешки бут без кост, нарязан на филийки с дебелина ¼ инча
- 3 супени лъжици растително масло, разделени
- 4 обелени резена пресен джинджифил, всеки с размер на четвърт
- 2 цели сушени червени люти чушки (по желание)
- Кошерна сол
- 4 лука, нарязани на 3-инчови дълги парчета, след това тънко нарязани по дължина

ИНСТРУКЦИИ:

a) В голяма купа разбъркайте заедно оризовото вино, тъмната соя, чесъна, царевичното нишесте и сусамовото масло. Добавете агнешкото към маринатата и го разбъркайте. Мариновайте за 10 минути.

b) Загрейте уок тиган на средно силен огън, докато капка вода цвърчи и се изпари при контакт. Налейте 2 супени лъжици растително масло и завъртете, за да покриете основата на уока. Подправете маслото, като добавите джинджифила, лютите чушки (ако използвате) и щипка сол. Оставете ароматите да цвърчат в маслото за около 30 секунди, като ги разбърквате внимателно.

c) С помощта на щипки повдигнете половината агнешко от маринатата, като леко разклащате, за да оставите излишното да капе. Запазете маринатата. Запържете в уока за 2 до 3 минути. Обърнете, за да се запържи от другата страна за още 1 до 2 минути. Запържете, като разбърквате и обръщате бързо в уока за още 1 минута. Прехвърлете в чиста купа. Добавете останалата 1 супена лъжица растително масло и повторете с останалото агнешко.

d) Върнете цялото агнешко и запазената марината в уока и хвърлете вътре лука. Разбърквайте още 1 минута или докато агнешкото се свари и маринатата се превърне в лъскав сос.

e) Прехвърлете в чиния за сервиране, изхвърлете джинджифила и сервирайте горещо.

75. Агнешко с подправки от кимион

СЪСТАВ:

- ¾ фунт обезкостен агнешки бут, нарязан на 1-инчови парчета
- 1 супена лъжица лек соев сос
- 1 супена лъжица оризово вино Shaoxing
- Кошерна сол
- 2 супени лъжици смлян кимион
- 1 чаена лъжичка съчуански черен пипер, счукан
- ½ чаена лъжичка захар
- 3 супени лъжици растително масло, разделени
- 4 обелени резена пресен джинджифил, всеки с размер на четвърт
- 2 супени лъжици царевично нишесте
- ½ глава жълт лук, нарязан по дължина на лентички
- 6 до 8 цели сушени китайски люти чушки (по желание)
- 4 скилидки чесън, нарязани на ситно
- ½ връзка пресен кориандър, едро нарязан

ИНСТРУКЦИИ:

a) В купа за смесване смесете агнешкото, светлата соя, оризовото вино и малка щипка сол. Хвърлете, за да покриете и мариновайте за 15 минути или за една нощ в хладилника.
b) В друга купа разбъркайте заедно кимиона, съчуанските зърна черен пипер и захарта. Заделени.
c) Загрейте уок тиган на средно силен огън, докато капка вода цвърчи и се изпари при контакт. Налейте 2 супени лъжици олио и завъртете, за да покриете основата на уока. Подправете маслото, като добавите джинджифила и щипка сол. Оставете джинджифила да цвърчи в маслото за около 30 секунди, като го разбърквате внимателно.
d) Поръсете агнешките парчета с царевичното нишесте и добавете към горещия уок. Запържете агнешкото за 2 до 3 минути от всяка страна и след това запържете с разбъркване за още 1 или 2 минути, като хвърляте и обръщате около уока. Прехвърлете агнешкото в чиста купа и оставете настрана.
e) Добавете останалата 1 супена лъжица масло и разбъркайте, за да покриете уока. Хвърлете лука и лютите чушки (ако използвате) и запържете при разбъркване за 3 до 4 минути, или докато лукът започне да изглежда блестящ, но не слаб. Подправете леко с малка щипка сол. Хвърлете сместа от чесън и подправки и продължете да пържите с разбъркване още една минута.
f) Върнете агнешкото в уока и го разбъркайте за още 1 до 2 минути. Прехвърлете в чиния, изхвърлете джинджифила и украсете с кориандъра.

76. Агнешко с джинджифил и праз

СЪСТАВ:

- ¾ килограм обезкостен агнешки бут, нарязан на 3 парчета, след това тънко нарязан на зърно
- Кошерна сол
- 2 супени лъжици оризово вино Shaoxing
- 1 супена лъжица тъмен соев сос
- 1 супена лъжица лек соев сос
- 1 чаена лъжичка сос от стриди
- 1 чаена лъжичка мед
- 1 до 2 супени лъжици сусамово масло
- ½ чаена лъжичка смлян съчуански пипер
- 2 супени лъжици царевично нишесте
- 2 супени лъжици растително масло
- 1 супена лъжица обелен и ситно смлян пресен джинджифил
- 2 праз лука, подрязани и нарязани на ситно
- 4 скилидки чесън, смлени на ситно

ИНСТРУКЦИИ:

a) В купа за смесване подправете леко агнешкото с 1 до 2 щипки сол. Разбъркайте, за да се покрие и оставете настрана за 10 минути. В малка купа разбъркайте заедно оризовото вино, тъмната соя, светлата соя, соса от стриди, меда, сусамовото масло, съчуанския пипер и царевичното нишесте. Заделени.

b) Загрейте уок тиган на средно силен огън, докато капка вода цвърчи и се изпари при контакт. Налейте растителното масло и завъртете, за да покриете основата на уока. Подправете маслото, като добавите джинджифила и щипка сол. Оставете джинджифила да цвърчи в маслото за около 10 секунди, като го разбърквате внимателно.

c) Добавете агнешкото и запържете за 1 до 2 минути, след което започнете да пържите с разбъркване, като хвърляте и обръщате за още 2 минути или докато спре да порозовява. Прехвърлете в чиста купа и оставете настрана.

d) Добавете праза и чесъна и разбърквайте за 1 до 2 минути, или докато празът стане ярко зелен и мек. Прехвърлете в купата с агнешкото.

e) Изсипете сместа от соса и оставете да къкри за 3 до 4 минути, докато сосът се редуцира наполовина и стане лъскав. Върнете агнешкото и зеленчуците в уока и разбъркайте, за да се смесят със соса.

f) Прехвърлете в чиния и сервирайте горещо.

77. Тайландско говеждо босилек

СЪСТАВ:

- 2 супени лъжици масло
- 12 унции говеждо, нарязано на тънки филийки срещу зърното
- 5 скилидки чесън, наситнени
- ½ червена чушка, нарязана на ситно
- 1 малка глава лук, нарязана на ситно
- 2 супени лъжици соев сос
- 1 чаена лъжичка тъмен соев сос
- 1 чаена лъжичка сос от стриди
- 1 супена лъжица рибен сос
- ½ чаена лъжичка захар
- 1 чаша листа от тайландски босилек, опаковани
- Кориандър, за гарниране

ИНСТРУКЦИИ:

а) Загрейте вашия уок на силен огън и добавете олиото. Запържете говеждото, докато покафенее. Извадете от уока и оставете настрана.

b) Добавете чесъна и червения пипер в уока и запържете за около 20 секунди.
c) Добавете лука и пържете, докато покафенее и леко се карамелизира.
d) Хвърлете говеждото обратно вътре, заедно със соевия сос, тъмния соев сос, соса от стриди, рибения сос и захарта.
e) Разбърквайте за още няколко секунди и след това сложете тайландския босилек, докато просто увяхне.
f) Сервирайте с жасминов ориз и гарнирайте с кориандър.

78. Китайско свинско барбекю

СЕРВИРА 8

СЪСТАВ:

- 3 паунда (1,4 кг) свинска плешка/свинско дупе (изберете парче с малко добра мазнина върху него)
- ¼ чаша (50 г) захар
- 2 чаени лъжички сол
- ½ чаена лъжичка пет подправки на прах
- ¼ чаена лъжичка бял пипер
- ½ чаена лъжичка сусамово масло
- 1 супена лъжица вино Shaoxing или
- Китайско сливово вино
- 1 супена лъжица соев сос
- 1 супена лъжица сос хойсин
- 2 супени лъжици меласа
- 3 скилидки ситно смлян чесън
- 2 супени лъжици малтоза или мед
- 1 супена лъжица гореща вода

ИНСТРУКЦИИ:

a) Нарежете свинското на дълги ленти или парчета с дебелина около 3 инча. Не отрязвайте излишната мазнина, тъй като тя ще се отдели и ще добави вкус.

b) Комбинирайте захарта, солта, петте подправки на прах, белия пипер, сусамовото масло, виното, соевия сос, сосът hoisin, меласата, хранителния оцветител (ако използвате) и чесъна в купа, за да направите марината.

c) Запазете около 2 супени лъжици марината и я оставете настрана. Натрийте свинското месо с останалата част от маринатата в голяма купа или съд за печене. Покрийте и охладете за една нощ или поне 8 часа. Покрийте и приберете заделената марината също в хладилника.

d) Загрейте фурната си до най-високата степен (475-550 градуса F или 250-290 градуса C) с решетка, разположена в горната третина на фурната. Застелете тава с фолио и отгоре поставете метална решетка. Поставете свинското върху решетката, като оставите възможно най-много разстояние между парчетата. Налейте 1 ½ чаши вода в тигана под решетката. Това предотвратява изгарянето или опушването на всякакви капки.

e) Прехвърлете свинското в предварително загрятата фурна и печете 25 минути. След 25 минути обърнете свинското. Ако дъното на тигана е сухо, добавете още една чаша вода. Обърнете тигана на 180 градуса, за да се изпече равномерно. Печете още 15 минути.

f) През това време смесете запазената марината с малтозата или меда и 1 супена лъжица гореща вода.

g) След 40 минути намажете свинското, обърнете го и намажете и другата страна. Печете за последни 10 минути.

h) След 50 минути свинското трябва да се свари и да се карамелизира отгоре. Ако не е карамелизиран по ваш вкус, можете да включите бройлера за няколко минути, за да стане хрупкав отвън и да добави малко цвят/вкус.

79. Свински хлебчета на пара на барбекю

ПРАВИ 10 КИФЛИЧКИ

СЪСТАВ:

За пареното тесто за кифлички:

- 1 чаена лъжичка активна суха мая
- ¾ чаша топла вода
- 2 чаши универсално брашно
- 1 чаша царевично нишесте
- 5 супени лъжици захар
- ¼ чаша рапица или растително масло
- 2½ чаени лъжички бакпулвер

За плънката:

- 1 супена лъжица масло
- ⅓ чаша ситно нарязан шалот или червен лук
- 1 супена лъжица захар
- 1 супена лъжица лек соев сос
- 1½ супени лъжици сос от стриди
- 2 супени лъжици сусамово масло
- 2 супени лъжици тъмен соев сос
- ½ чаша пилешки бульон
- 2 супени лъжици универсално брашно
- 1½ чаши китайско печено свинско на кубчета

ИНСТРУКЦИИ:

a) В купата на електрически миксер, снабден с приставка за кука за тесто (можете също да използвате обикновена купа за смесване и да месите на ръка), разтворете 1 чаена лъжичка активна суха мая в ¾ чаша топла вода. Пресейте заедно брашното и царевичното нишесте и ги добавете към сместа с маята заедно със захарта и олиото.

b) Включете миксера на най-ниската степен и го оставете да работи, докато се оформи гладка топка тесто. Покрийте с влажна кърпа и оставете да престои 2 часа. (Ще добавите бакпулвера по-късно!)

c) Докато тестото почива, направете месната плънка. Загрейте 1 супена лъжица масло в тиган уок на средно висока температура. Добавете шалота/лука и разбърквайте за 1 минута. Намалете топлината до средно ниска и добавете захарта, светлия соев сос, сосът от стриди, сусамовото масло и тъмния соев сос. Разбъркайте и гответе, докато сместа започне да шупне. Добавете пилешкия бульон и брашното, гответе 3 минути, докато се сгъсти. Свалете от котлона и разбъркайте свинското печено. Оставете настрана да изстине. Ако направите пълнежа преди време, покрийте и охладете, за да не изсъхне.

d) След като тестото ви почине 2 часа, добавете бакпулвера към тестото и включете миксера на най-ниската степен. В този момент, ако тестото изглежда сухо или имате проблеми с добавянето на бакпулвера, добавете 1-2 чаени лъжички вода. Внимателно омесете тестото, докато отново стане гладко. Покрийте с влажна кърпа и оставете да престои още 15 минути. Междувременно вземете голямо парче пергаментова хартия и го нарежете на десет квадрата 4x4 инча. Пригответе уреда за пара, като доведете водата до кипене.

e) Вече сме готови да сглобим кифличките: разточете тестото на дълга тръба и я разделете на 10 равни части. Натиснете всяко парче тесто в диск с диаметър около 4½ инча (трябва да е по-дебел в центъра и по-тънък около краищата). Добавете малко пълнеж и плисете кифлите, докато се затворят отгоре.

f) Поставете всяка кифла върху квадратна хартия за печене и задушете. Задуших кифличките на две отделни партиди с помощта на бамбук.

g) След като водата заври, поставете кифлите в уреда за пара и гответе всяка партида на пара за 12 минути на силен огън.

80. Кантонско печено свинско шкембе

СЕРВИИ 6-8

СЪСТАВ:

- 3 паунда парче свинско коремче с кожата
- 2 супени лъжици вино Shaoxing
- 2 чаени лъжички сол
- 1 чаена лъжичка захар
- ½ чаена лъжичка пет подправки на прах
- ¼ чаена лъжичка бял пипер
- 1½ чаени лъжички оризов винен оцет
- ½ чаша груба морска сол

ИНСТРУКЦИИ:

a) Изплакнете свинския корем и го подсушете. Поставете го с кожата надолу върху поднос и втрийте виното Shaoxing в месото (не в кожата). Смесете заедно солта, захарта,

b) пет подправки на прах и бял пипер. Втрийте добре тази смес от подправки и в месото. Обърнете месото така, че да е с кожата нагоре.

c) И така, за да направим следващата стъпка, всъщност има специален инструмент, който ресторантите използват, но ние просто използвахме остър метален шиш. Систематично пробивайте дупки по цялата кожа, което ще помогне на кожата да стане хрупкава, вместо да остане гладка и жилава. Колкото повече дупки има, толкова по-добре. Също така се уверете, че са достатъчно дълбоки. Спрете точно над мастния слой отдолу.

d) Оставете свинския корем да изсъхне в хладилника непокрит за 12-24 часа.

e) Загрейте фурната до 375 градуса F. Поставете голямо парче алуминиево фолио (здравото фолио работи най-добре) върху тава за печене и сгънете страните около свинското плътно, така че да създадете нещо като кутия навсякъде около него , с 1-инчов висок кант, минаващ около страните.

f) Намажете с четка оризовия винен оцет върху свинската кожа. Поставете морската сол на един равен слой върху кожата, така че свинското да е напълно покрито. Поставете във фурната и печете 1 час и 30 минути. Ако вашето свинско коремче все още има прикрепено ребро, печете 1 час и 45 минути.

g) Извадете свинското месо от фурната, включете бройлера на ниска степен и поставете решетката на фурната в най-ниската позиция. Отстранете горния слой морска сол от свинския корем, разгънете фолиото и поставете решетка за печене върху тигана. Поставете свинския корем върху решетката и го поставете обратно под бройлера, за да стане хрупкав. Това трябва да отнеме 10-15 минути.

h) Когато кожата се надуе и стане хрупкава, извадете от фурната. Оставете да почине за около 15 минути. Нарежете и сервирайте!

81. Супа с юфка с кокосово къри

СЪСТАВ:

- 2 супени лъжици масло
- 3 скилидки чесън, наситнени
- 1 супена лъжица пресен джинджифил, настърган
- 3 супени лъжици тайландска паста от червено къри
- 8 унции пилешки гърди или бедра без кости, нарязани на резени
- 4 чаши пилешки бульон
- 1 чаша вода
- 2 супени лъжици рибен сос
- ⅔ чаша кокосово мляко
- 6 унции сушено оризово фиде
- 1 лайм, изцеден

ИНСТРУКЦИИ:

а) Нарязан червен лук, червен чили, кориандър, лук за гарниране

b) В голяма тенджера на среден огън добавете олиото, чесъна, джинджифила и тайландската червена къри паста. Запържете за 5 минути, докато се ухае.

c) Добавете пилето и гответе за няколко минути, само докато пилето стане непрозрачно.

d) Добавете пилешкия бульон, водата, рибения сос и кокосовото мляко. Оставете да заври.

e) В този момент опитайте бульона за сол и коригирайте подправките съответно.

f) Изсипете врящата супа върху изсушените нудълс фиде в купичките за сервиране, добавете малко сок от лайм и гарнитурите си и сервирайте. Юфката ще бъде готова за консумация след няколко минути.

82. Пикантна телешка супа с фиде

СЪСТАВ:

- 16 чаши студена вода
- 6 резена джинджифил
- 3 лука, измити и разполовени
- ¼ чаша вино Shaoxing
- 3 паунда телешки патрон, нарязан на 1½ инчови парчета
- 3 супени лъжици масло
- 1 до 2 супени лъжици съчуански черен пипер
- 2 глави чесън, обелени
- 1 голяма глава лук, нарязана на ситно
- 5-звезден анасон
- 4 дафинови листа
- ¼ чаша пикантна паста от боб
- 1 голям домат, нарязан на ситно
- ½ чаша светъл соев сос
- 1 супена лъжица захар
- 1 голямо парче сушена кора от мандарина
- прясна или сушена пшенична юфка по ваш избор
- Нарязан лук и кориандър, за гарниране

ИНСТРУКЦИИ:

a) Загрейте олиото в друг бульон или голям уок на средно слаб огън и добавете съчуанските зърна черен пипер, скилидките чесън, лука, звездния анасон и дафиновите листа. Гответе, докато скилидките чесън и парченцата лук започнат да омекват (около 5 - 10 минути). Разбъркайте пикантната паста от боб.

b) След това добавете доматите и гответе две минути. Накрая разбъркайте със светлия соев сос и захарта. Изключете котлона.

c) Сега нека извадим говеждото, джинджифила и лука от първия съд и ги прехвърлим във втория съд. След това изсипете бульона през ситна мрежеста цедка. Поставете тенджерата на силен огън и добавете кората от мандарина. Покрийте и оставете супата да заври. Веднага намалете котлона, за да заври, и гответе 60-90 минути.

d) След като заври, изключете котлона, но дръжте капака и оставете тенджерата да престои на котлона (с изключен котлон) за още цял час, за да оставите вкусовете да се смесят. Основата ви за супа е готова. Не забравяйте да доведете супата отново до кипене преди сервиране.

83. Супа от жълти яйца

СЪСТАВ:

- 4 чаши органичен пилешки бульон
- ½ чаена лъжичка сусамово масло
- ½ чаена лъжичка сол
- Щипка захар
- Щипка бял пипер
- 5 капки жълт хранителен оцветител
- ¼ чаша царевично нишесте, смесено с ½ чаша вода
- 3 яйца, леко разбити
- 1 лук, нарязан

ИНСТРУКЦИИ:

a) Оставете пилешкия бульон да заври в среден съд за супа. Разбъркайте сусамовото масло, солта, захарта и белия пипер.

b) След това добавете кашата от царевично нишесте

c) Оставете супата да къкри няколко минути, след което проверете дали консистенцията ви харесва.

d) Разлейте супата в купа, наръсете отгоре нарязан лук, поръсете малко сусамово олио отгоре и сервирайте!

84. Проста уонтон супа

СЪСТАВ:

- 10 унции бейби бок чой или подобен зелен зеленчук
- 1 чаша смляно свинско месо
- 2½ супени лъжици сусамово масло
- Щипка бял пипер
- 1 супена лъжица подправен соев сос
- ½ чаена лъжичка сол
- 1 супена лъжица вино Shaoxing
- 1 опаковка wonton skins
- 6 чаши добър пилешки бульон
- 1 супена лъжица сусамово масло
- Бял пипер и сол на вкус
- 1 лук, нарязан

ИНСТРУКЦИИ:

а) Започнете със старателно измиване на зеленчуците. Оставете голяма тенджера с вода да заври и бланширайте зеленчуците, докато омекнат. Отцедете и изплакнете в студена вода. Вземете добра бучка зеленчуци и внимателно изстискайте колкото можете повече вода. Нарежете много ситно зеленчуците (можете също да ускорите процеса, като ги хвърлите в кухненския робот).

b) В средна купа добавете ситно нарязаните зеленчуци, смляното свинско месо, сусамовото масло, белия пипер, соевия сос, солта и виното Shaoxing. Разбъркайте много старателно, докато сместа се емулгира - почти като паста.

c) Сега е време за сглобяване! Напълнете малка купа с вода. Вземете обвивка и използвайте пръста си, за да навлажнете краищата на обвивката. В средата добавете малко над чаена лъжичка плънка. Сгънете обвивката наполовина и притиснете двете страни една към друга, за да получите здраво запечатване.

d) Хванете долните два ъгъла на малкия правоъгълник, който току-що направихте, и съберете двата ъгъла. Можете да използвате малко вода, за да сте сигурни, че залепват. И това е! Продължете да сглобявате, докато целият пълнеж изчезне. Поставете уонтоните върху лист за печене или чиния, постлана с хартия за печене, за да предотвратите залепването.

e) В този момент можете да покриете уонтоните с найлоново фолио, да поставите листа/плочата за печене във фризера и да ги прехвърлите в торби Ziploc, след като замръзнат. Те ще се съхраняват няколко месеца във фризера и ще бъдат готови за супа уонтон, когато пожелаете.

f) За да направите супата, загрейте пилешкия бульон до кипене и добавете сусамово масло, бял пипер и сол.

g) Оставете отделен съд с вода да заври. Внимателно добавете уонтоните един по един в тенджерата. Разбъркайте, за да предотвратите уонтоните да залепнат за дъното. Ако залепнат, не се притеснявайте, трябва да се освободят, след като са сготвени. Готови са, когато изплуват. Внимавайте да не ги препечете.

h) Извадете уонтоните с решетъчна лъжица и ги сложете в купички. Изсипете супата върху уонтоните и гарнирайте с нарязан лук. Сервирайте!

85. Супа от яйца

СЪСТАВ:

- 4 чаши пилешки бульон с ниско съдържание на натрий
- 2 обелени резена пресен джинджифил
- 2 скилидки чесън, обелени
- 2 супени лъжици лек соев сос
- 2 супени лъжици царевично нишесте
- 3 супени лъжици вода
- 2 големи яйца, леко разбити
- 1 чаена лъжичка сусамово масло
- 2 лука, нарязани на ситно, за гарнитура

ИНСТРУКЦИИ:

a) В уок или тенджера за супа смесете бульона, джинджифила, чесъна и леката соя и ги оставете да заври. Намалете да заври и гответе 5 минути. Извадете и изхвърлете джинджифила и чесъна.

b) В малка купа смесете царевичното нишесте и водата и разбъркайте сместа в уока.

c) Намалете котлона да къкри. Потопете вилица в разбитите яйца и след това я прокарайте през супата, като внимателно разбърквате, докато вървите. Оставете супата да къкри няколко минути, за да стегнат яйцата. Разбъркайте сусамовото масло и разсипете супата в купички за сервиране. Гарнирайте с лука.

86. Пържен ориз с яйца

СЪСТАВ:

- 5 чаши варен ориз
- 5 големи яйца (разделени)
- 2 супени лъжици вода
- ¼ чаена лъжичка червен пипер
- ¼ чаена лъжичка куркума
- 3 супени лъжици олио (разделени)
- 1 средно голяма глава лук, нарязана на ситно
- ½ червена чушка, нарязана на ситно
- ½ чаша замразен грах, размразен
- 1½ чаена лъжичка сол
- ¼ чаена лъжичка захар
- ¼ чаена лъжичка черен пипер
- 2 лука, нарязани

ИНСТРУКЦИИ:

а) Използвайте вилица, за да раздухнете ориза и да го начупите. Ако използвате прясно сварен ориз, оставете го да престои на плота непокрит, докато спре да задушава, преди да го раздухнете.

b) Разбийте 3 яйца в една купа. Разбийте другите 2 яйца в друга купа, заедно с 2 супени лъжици вода, червения пипер и куркумата. Оставете тези две купи настрана.

c) Загрейте уок на средно силен огън и добавете 2 супени лъжици олио. Добавят се 3-те разбити яйца (без подправките) и се разбиват. Извадете ги от уока и ги оставете настрана.

d) Загрейте уок на силен огън и добавете последната супена лъжица масло. Добавете нарязаните на кубчета лук и чушка. Запържваме при разбъркване 1-2 минути. След това добавете ориза и запържете при разбъркване за 2 минути, като използвате загребващи движения, за да загреете ориза равномерно. Използвайте вашата шпатула уок, за да изравните и разбиете оризовите бучки.

e) След това изсипете останалото несготвено яйце и сместа от подправки върху ориза и запържете при разбъркване за около 1 минута, докато всички оризови зърна се покрият с яйце.

f) Добавете граха и пържете при непрекъснато бъркане още минута. След това разпределете солта, захарта и черния пипер върху ориза и разбъркайте. Сега трябва да видите малко пара, която излиза от ориза, което означава, че е загрят.

87. Класически свински пържен ориз

СЪСТАВ:

- 1 супена лъжица гореща вода
- 1 чаена лъжичка мед
- 1 чаена лъжичка сусамово масло
- 1 чаена лъжичка вино Shaoxing
- 1 супена лъжица соев сос
- 1 чаена лъжичка тъмен соев сос
- ¼ чаена лъжичка бял пипер
- 5 чаши варен бял ориз
- 1 супена лъжица масло
- 1 средно голяма глава лук, нарязана на кубчета
- 1 килограм китайско свинско барбекю, нарязано на хапки
- 2 яйца, бъркани
- ½ чаша кълнове от боб мунг
- 2 лука, нарязани

ИНСТРУКЦИИ:

a) Започнете, като смесите горещата вода, меда, сусамовото масло, виното Shaoxing, соевия сос, тъмния соев сос и белия пипер в малка купа.

b) Вземете сварения си ориз и го раздухайте с вилица или с ръце.

c) С уок на среден огън добавете една супена лъжица олио и задушете лука, докато стане прозрачен. Разбъркайте свинското печено. Добавете ориза и разбъркайте добре. Добавете сместа от соса и солта и разбъркайте със загребващи движения, докато оризът се покрие равномерно със соса.

d) Хвърлете вашите яйца, кълнове от боб мунг и лук. Разбъркайте старателно за още минута-две и сервирайте!

88. Пияни юфка

СЪСТАВ:

За пилето и марината:

- 2 супени лъжици вода
- 12 унции нарязани пилешки бедра или пилешки гърди
- 1 чаена лъжичка соев сос
- 1 чаена лъжичка масло
- 2 супени лъжици царевично нишесте

За останалата част от ястието:

- 8 унции широки сушени оризови спагети, варени
- 1½ чаена лъжичка кафява захар, разтворена в 1 супена лъжица гореща вода
- 2 супени лъжици соев сос
- 1 чаена лъжичка тъмен соев сос
- 1 супена лъжица рибен сос
- 2 супени лъжици сос от стриди
- щипка смлян бял пипер
- 3 супени лъжици растително или рапично масло (разделени)
- 3 скилидки чесън, нарязани
- ¼ чаена лъжичка пресен настърган джинджифил
- 2 шалот, нарязани (около ⅓ чаши)
- 1 лук, нарязан на 3-инчови парчета

- 4 тайландски червени люти чушки, почистени от семките и жулиени
- 1 чаша свободно опакован свещен босилек или тайландски босилек
- 5 до 6 парчета бебешка царевица, разделена на две (по желание)
- 2 супени лъжици вино Shaoxing

ИНСТРУКЦИИ:

a) Разбъркайте 2 супени лъжици вода в нарязаното пиле с ръце, докато пилето поеме течността. Добавете соев сос, олио, царевично нишесте и разбъркайте, докато пилето се покрие равномерно. Оставете настрана за 20 минути.

b) Разбъркайте сместа от разтворена кафява захар, соевите сосове, рибения сос, соса от стриди и белия пипер в малка купа и оставете настрана.

c) Загрейте вашия уок, докато започне да пуши, и намажете 2 супени лъжици масло около периметъра на уока. Добавете пилето и го оставете да се запържи за 1 минута от всяка страна, докато стане около 90% готово. Извадете от уока и оставете настрана. Ако топлината е била достатъчно висока и сте запекли месото правилно, вашият уок трябва да е все още чист и нищо да не е полепнало по него. Ако не, можете да измиете уока, за да предотвратите залепването на оризовата юфка.

d) Продължете с уока на силен огън и добавете 1 супена лъжица масло, заедно с чесъна и настъргания джинджифил.

e) След няколко секунди добавете шалота. Запържете при разбъркване за 20 секунди и добавете лука, лютите чушки, босилека, младата царевица и виното Shaoxing. Запържете още 20 секунди и добавете оризовите фиде. Използвайте загребващо движение, за да разбъркате всичко за още една минута, докато юфката се затопли.

f) След това добавете готовата смес от соса и пържете на най-висока температура за около 1 минута, докато фидето стане еднородно на цвят. Внимавайте да използвате металната си шпатула, за да изстържете дъното на уока, за да предотвратите залепването.

g) Добавете запеченото пиле и запържете, като разбърквате, още 1 до 2 минути. Сервирайте!

89. Сънуан дан дан юфка

СЪСТАВ:

ЗА МАСЛОТО ЧИЛИ:

- 2 супени лъжици съчуански черен пипер
- 1-инчово парче канела
- 2-звезден анасон
- 1 чаша олио
- ¼ чаша натрошени люспи от червен пипер

ЗА МЕСОТО И SUI MI YA CAI:

- 3 супени лъжици масло (разделени)
- 8 унции смляно свинско месо
- 2 супени лъжици сос от сладък боб или сос хоисин
- 2 супени лъжици вино Shaoxing
- 1 чаена лъжичка тъмен соев сос
- ½ чаена лъжичка пет подправки на прах
- ⅓ чаша sui mi Ya cai

ЗА СОСА:

- 2 супени лъжици сусамова паста (тахан)
- 3 супени лъжици соев сос
- 2 супени лъжици захар

- ¼ чаена лъжичка пет подправки на прах
- ½ чаена лъжичка съчуански пипер на прах
- ½ чаша от вашето приготвено масло от чили
- 2 скилидки чесън, смлени много ситно
- ¼ чаша гореща вода за готвене от юфката

ЗА НУДЛИ И ЗЕЛЕНЧУЦИ:

- 1 паунд пресни или сушени бели юфка, средна дебелина
- 1 малка връзка листни зеленчуци (спанак, бок чой или чой сума)

ЗА СГЛОБЯВАНЕ:

- нарязани фъстъци (по желание)
- нарязан лук

ИНСТРУКЦИИ:

a) За да направите месната смес: В тиган уок загрейте една чаена лъжичка олио на среден огън и запържете смляното свинско месо. Добавете сладкия бобен сос, виното Shaoxing, тъмния соев сос и петте подправки на прах. Гответе докато цялата течност се изпари. Заделени. Загрейте другите 2 чаени лъжички олио в уока на среден огън и задушете sui mi ya cai (мариновани зеленчуци) за няколко минути. Заделени.

b) За да направите соса: Смесете заедно всички съставки за соса. Опитайте и коригирайте подправките, ако желаете. Можете да го разхлабите с още гореща вода, да добавите още съчуански черен пипер на прах .

c) За да приготвите юфката и зеленчуците: Сварете юфката според инструкциите на опаковката и я отцедете. Бланширайте зелените във водата за юфка и ги отцедете.

d) Разпределете соса в четири купи, последван от юфката и листните зеленчуци. Добавете свареното свинско месо и sui mi ya cai отгоре. Поръсете с нарязани фъстъци (по желание) и лук.

e) Смесете всичко заедно и се наслаждавайте!

90. Топла и кисела супа

СЪСТАВ:

- 4 унции свинско филе без кост, нарязано на ивици с дебелина ¼ инча
- 1 супена лъжица тъмен соев сос
- 4 сушени гъби шийтаке
- 8 сушени гъби ушички
- 1½ супени лъжици царевично нишесте
- ¼ чаша неподправен оризов оцет
- 2 супени лъжици лек соев сос
- 2 супени лъжици захар
- 1 чаена лъжичка масло от чили
- 1 чаена лъжичка смлян бял пипер
- 2 супени лъжици растително масло
- 1 обелен резен пресен джинджифил, приблизително колкото четвърт
- Кошерна сол
- 4 чаши пилешки бульон с ниско съдържание на натрий

- 4 унции твърдо тофу, изплакнато и нарязано на ¼-инчови ленти
- 1 голямо яйце, леко разбито
- 2 лука, нарязани на ситно, за гарнитура

ИНСТРУКЦИИ:

a) В купа хвърлете свинското месо и тъмната соя за покритие. Заделени.

b) Поставете двете гъби в топлоустойчива купа и ги покрийте с вряща вода. Накиснете гъбите, докато омекнат, около 20 минути. Изсипете ¼ чаша вода от гъбите в стъклена мерителна чаша и оставете настрана. Отцедете и изхвърлете останалата течност. Нарежете гъбите шийтаке на тънки филийки, а ушите гъби нарежете на хапки. Върнете двете гъби в купата за накисване и оставете настрана.

c) Разбъркайте царевичното нишесте в запазената гъбена течност, докато царевичното нишесте се разтвори. Разбъркайте оцета, леката соя, захарта, чилито масло и белия пипер, докато захарта се разтвори. Заделени.

d) Загрейте уок тиган на средно силен огън, докато капка вода цвърчи и се изпари при контакт. Налейте растителното масло и завъртете, за да покриете основата на уока. Подправете маслото, като добавите джинджифила и щипка сол. Оставете джинджифила да цвърчи в маслото за около 30 секунди, като го разбърквате внимателно.

e) Прехвърлете свинското месо в уок тигана и го запържете, като разбърквате, за около 3 минути, докато свинското вече не е розово. Извадете джинджифила и го изхвърлете. Добавя се бульонът и се оставя да заври. Намалете да заври и разбъркайте гъбите. Разбъркайте тофуто и оставете да къкри за 2 минути. Разбъркайте сместа от царевично нишесте и върнете котлона на средно висока, като разбърквате, докато супата се сгъсти, около 30 секунди. Намалете котлона да къкри.

f) Потопете вилица в разбитото яйце и след това я прокарайте през супата, като внимателно разбърквате, докато вървите.

91. Свинско конджи

СЪСТАВ:

- 10 чаши вода
- ¾ чаша жасминов ориз, изплакнат и отцеден
- 1 чаена лъжичка кошер сол
- 2 супени лъжици обелен и смлян пресен джинджифил
- 2 скилидки чесън, смлени
- 1 супена лъжица лек соев сос, плюс още за сервиране
- 2 супени лъжици оризово вино Shaoxing
- 2 супени лъжици царевично нишесте
- 6 унции смляно свинско месо
- 2 супени лъжици растително масло
- Мариновани китайски зеленчуци, тънко нарязани, за сервиране (по желание)
- Масло от лук и джинджифил, за сервиране (по избор)
- Пържено чили олио, за сервиране (по желание)
- Сусамово масло, за сервиране (по желание)

ИНСТРУКЦИИ:

a) В тенджера с дебело дъно сложете водата да заври. Разбъркайте ориза и солта и намалете котлона да къкри. Покрийте и гответе, като разбърквате от време на време, за около 1½ часа, докато оризът се превърне в мека каша.

b) Докато конгито се готви, в средна купа разбъркайте заедно джинджифила, чесъна, светлата соя, оризовото вино и царевичното нишесте. Добавете свинското месо и го оставете да се маринова за 15 минути.

c) Загрейте уок тиган на средно силен огън, докато капка вода цвърчи и се изпари при контакт. Налейте растителното масло и завъртете, за да покриете основата на уока. Добавете свинското и запържете, като разбърквате и натрошавате месото, около 2 минути.

d) Гответе още 1-2 минути, без да разбърквате, за да се карамелизира.

e) Сервирайте конджито в купички за супа, гарнирани със запърженото свинско месо. Гарнирайте с топинги по ваш избор.

92. Пържен ориз със скариди, яйце и лук

СЪСТАВ:

- 2 супени лъжици растително масло
- Кошерна сол
- 1 голямо яйце, разбито
- ½ килограма скариди (всякакъв размер), обелени, без жилки и нарязани на хапки
- 1 чаена лъжичка обелен и ситно смлян пресен джинджифил
- 2 скилидки чесън, смлени на ситно
- ½ чаша замразен грах и моркови
- 2 лука, тънко нарязани, разделени
- 3 чаши студено сварен ориз
- 3 супени лъжици несолено масло
- 1 супена лъжица лек соев сос
- 1 супена лъжица сусамово масло

ИНСТРУКЦИИ:

a) Загрейте уок тиган на средно силен огън, докато капка вода цвърчи и се изпари при контакт. Налейте растителното масло и завъртете, за да покриете основата на уока. Подправете маслото, като добавите малка щипка сол. Добавете яйцето и разбъркайте бързо.

b) Натиснете яйцето отстрани на уока, за да създадете централен пръстен и добавете скаридите, джинджифила и чесъна заедно. Запържете скаридите с малка щипка сол за 2-3 минути, докато станат непрозрачни и порозовеят. Добавете граха и морковите и половината лук и запържете още минута, като разбърквате.

c) Добавете ориза, като разбиете всички големи бучки и разбъркайте и обърнете, за да комбинирате всички съставки. Запържете с разбъркване за 1 минута, след което избутайте всичко към стените на уока, оставяйки кладенче на дъното на уока.

d) Добавете маслото и светлата соя, оставете маслото да се разтопи и да шупне, след което разбъркайте всичко заедно, за около 30 секунди.

e) Разпределете пържения ориз на равномерен слой в уока и оставете ориза да престои срещу уока за около 2 минути, за да стане леко хрупкав. Полейте със сусамовото масло и овкусете с още една малка щипка сол. Прехвърлете в чиния и сервирайте веднага, като гарнирате с останалата част от лука.

93. Пържен ориз с пушена пъстърва

СЪСТАВ:

- 2 големи яйца
- 1 чаена лъжичка сусамово масло
- Кошерна сол
- Смлян бял пипер
- 1 супена лъжица лек соев сос
- ½ чаена лъжичка захар
- 3 супени лъжици гхи или растително масло, разделени
- 1 чаена лъжичка обелен и ситно смлян пресен джинджифил
- 2 скилидки чесън, смлени на ситно
- 3 чаши студено сварен ориз
- 4 унции пушена пъстърва, начупена на хапки
- ½ чаша тънко нарязани сърца от маруля ромен
- 2 лука, нарязани на ситно
- ½ чаена лъжичка бял сусам

ИНСТРУКЦИИ:

a) В голяма купа разбийте яйцата със сусамовото масло и щипка сол и бял пипер, докато се смесят. В малка купа разбъркайте заедно светлата соя и захарта, за да се разтвори захарта. Заделени.

b) Загрейте уок тиган на средно силен огън, докато капка вода цвърчи и се изпари при контакт. Изсипете 1 супена лъжица гхи и разбъркайте, за да покриете основата на уока. Добавете яйчената смес и с помощта на топлоустойчива шпатула завъртете и разклатете яйцата, за да се сготвят. Прехвърлете яйцата в чиния, когато са току-що сварени, но не и сухи.

c) Добавете останалите 2 супени лъжици гхи към уока, заедно с джинджифила и чесъна. Запържете бързо, докато чесънът и джинджифилът станат ароматни, но внимавайте да не загорят. Добавете сместа от ориз и соя и разбъркайте, за да се комбинират. Продължете да пържите, като разбърквате, около 3 минути. Добавете пъстървата и свареното яйце и разбъркайте, за да ги разбиете, около 20 секунди. Добавете марулята и лука и ги запържете, докато станат ярко зелени.

d) Прехвърлете в чиния за сервиране и поръсете със сусама.

94. Спам Пържен ориз

СЪСТАВ:

- 1 супена лъжица растително масло
- 2 обелени резена пресен джинджифил
- Кошерна сол
- 1 (12-унция) кутия Спам, нарязана на ½-инчови кубчета
- ½ бял лук, нарязан на ¼-инчови кубчета
- 2 скилидки чесън, смлени на ситно
- ½ чаша замразен грах и моркови
- 2 лука, тънко нарязани, разделени
- 3 чаши студено сварен ориз
- ½ чаша консервирани парчета ананас, соковете са запазени
- 3 супени лъжици несолено масло
- 2 супени лъжици лек соев сос
- 1 чаена лъжичка шрирача
- 1 чаена лъжичка светлокафява захар
- 1 супена лъжица сусамово масло

ИНСТРУКЦИИ:

a) Загрейте уок тиган на средно силен огън, докато капка вода цвърчи и се изпари при контакт. Налейте растителното масло и завъртете, за да покриете основата на уока. Подправете маслото, като добавите джинджифила и малка щипка сол. Оставете джинджифила да цвърчи в маслото за около 30 секунди, като го разбърквате внимателно.

b) Добавете нарязания на кубчета спам и го разпределете равномерно по дъното на уока. Оставете спама да се запържи, преди да го хвърляте и обръщате. Продължете да пържите спама за 5 до 6 минути, докато стане златист и хрупкав от всички страни.

c) Добавете лука и чесъна и разбърквайте за около 2 минути, докато лукът започне да изглежда полупрозрачен. Добавете граха и морковите и половината лук. Разбърквайте още минута.

d) Хвърлете вътре ориза и ананаса, като разчупите всички големи бучки ориз и хвърлете и обърнете, за да комбинирате всички съставки. Запържете с разбъркване за 1 минута, след което избутайте всичко към стените на уока, оставяйки кладенче на дъното на уока.

e) Добавете маслото, запазения сок от ананас, светлата соя, шрирача и кафявата захар. Разбъркайте, за да се разтвори захарта и оставете соса да заври, след което гответе за около минута, за да намалите соса и да го сгъстите леко. Комбинирайте всичко за покритие, около 30 секунди.

f) Разстелете пържения ориз на равномерен слой в уока и оставете ориза да престои до уока, за да стане леко хрупкав, около 2 минути. Извадете джинджифила и го изхвърлете. Полейте със сусамовото масло и овкусете с още една малка щипка сол. Прехвърлете в чиния и гарнирайте с останалите лук. Сервирайте веднага.

95. Задушен ориз с Lap Cheung и Bok Choy

СЪСТАВ:

- 1½ чаши жасминов ориз
- 4 връзки Cheung (китайска наденица) или испанско чоризо
- 4 глави бейби бок чой, всяка нарязана на 6 клина
- ¼ чаша растително масло
- 1 малък шалот, нарязан на тънко
- 1-инчово парче пресен джинджифил, обелено и ситно смляно
- 1 скилидка чесън, обелена и смляна на ситно
- 2 супени лъжици лек соев сос
- 1 супена лъжица тъмен соев сос
- 2 супени лъжици оризово вино Shaoxing
- 1 чаена лъжичка сусамово масло
- захар

ИНСТРУКЦИИ:

а) В купа за смесване изплакнете и разбъркайте ориза 3 или 4 пъти под студена вода, като разбъркате ориза във водата, за да изплакнете всички нишестета. Оризът се залива със студена вода и се накисва за 2 часа. Отцедете ориза през фино сито.

b) Изплакнете две бамбукови кошници за готвене на пара и техните капаци под студена вода и поставете едната кошница в уока. Налейте 2 инча вода или достатъчно, за да доведе нивото на водата над долния ръб на уреда за пара с ¼ до ½ инча, но не толкова високо, че водата да докосва дъното на уреда за пара.

c) Постелете чиния с парче тензух и добавете половината накиснат ориз в чинията. Подредете 2 колбаса и половината бок чой отгоре и завържете хлабаво тензуха, така че да има достатъчно място около ориза, за да може да се разшири. Поставете чинията в кошницата на парахода. Повторете процеса с друга чиния, повече тензух и останалата наденица и бок чой във втората кошница на пара, след което ги подредете върху първата и покрийте.

d) Намалете котлона до средно силен и оставете водата да заври. Варете ориза на пара за 20 минути, като често проверявате нивото на водата и добавяте още, ако е необходимо.

e) Докато оризът се готви на пара, в малка тенджера загрейте растителното масло на среден огън, докато започне да пуши. Изключете котлона и добавете шалот, джинджифил и чесън. Разбъркайте заедно и добавете светлата соя, тъмната соя, оризовото вино, сусамовото масло и щипка захар. Оставете настрана да изстине.

f) Когато оризът е готов, внимателно развържете тензуха и прехвърлете ориза и бок чой в чиния. Колбасите се нарязват по диагонал и се нареждат върху ориза. Сервирайте с джинджифилово соево масло отстрани.

96. Телешка супа с фиде

СЪСТАВ:

- ¾ килограма говеждо филе, тънко нарязани напречно на зърното
- 2 чаени лъжички сода бикарбонат
- 4 супени лъжици оризово вино Shaoxing, разделени
- 4 супени лъжици светъл соев сос, разделени
- 2 супени лъжици царевично нишесте, разделени
- 1 чаена лъжичка захар
- Прясно смлян черен пипер
- 3 супени лъжици растително масло, разделени
- 2 супени лъжици китайски пет подправки на прах
- 4 резена пресен обелен джинджифил
- 2 скилидки чесън, обелени и натрошени
- 4 чаши телешки бульон
- ½ фунта сушени китайски юфка (всякакъв вид)
- 2 глави бейби бок чой, нарязани на четвъртинки
- 1 супена лъжица масло от лук и джинджифил

ИНСТРУКЦИИ:

a) В малка купа хвърлете говеждото със содата за хляб и го оставете да престои 5 минути. Изплакнете говеждото месо и го подсушете с хартиени кърпи.

b) В друга купа разбъркайте говеждото с оризово вино, лека соя, царевично нишесте, захар, сол и черен пипер. Мариновам.

c) В стъклена мерителна чаша смесете останалите 3 супени лъжици оризово вино, 3 супени лъжици лека соя и 1 чаена лъжичка царевично нишесте и оставете настрана.

d) Загрейте уок тиган на средно силен огън, докато капка вода цвърчи и се изпари при контакт. Налейте 2 супени лъжици растително масло и завъртете, за да покриете основата на уока. Добавете говеждото и петте подправки на прах и гответе за 3 до 4 минути, като разбърквате от време на време, докато леко покафенеят. Прехвърлете говеждото месо в чиста купа и го оставете настрана.

e) Избършете уока и го върнете на среден огън. Добавете останалата 1 супена лъжица растително масло и разбъркайте, за да покриете основата на уока. Добавете джинджифила, чесъна и щипка сол, за да подправите маслото. Оставете джинджифила и чесъна да цвърчат в маслото за около 10 секунди, като ги разбърквате внимателно.

f) Изсипете сместа със соевия сос и оставете да заври. Налива се бульонът и се връща да заври. Намалете до кипене и върнете телешкото в уока. Оставете да къкри 10 минути.

g) Междувременно сложете голяма тенджера с вода да заври на силен огън. Добавете юфката и гответе според инструкциите на опаковката. С помощта на уок скимер извадете юфката и я отцедете. Добавете бок чой във врящата вода и гответе за 2 до 3 минути, докато стане ярко зелен и омекнал. Извадете бок чой и го поставете в купа. С помощта на щипки хвърлете юфката с маслото от лук и джинджифил, за да ги покриете. Разделете юфката и бок чой в купички за супа.

97. Чеснови юфки

СЪСТАВ:

- ½ фунт пресни китайски яйчени юфка, варени
- 2 супени лъжици сусамово масло, разделени
- 2 супени лъжици светлокафява захар
- 2 супени лъжици сос от стриди
- 1 супена лъжица лек соев сос
- ½ чаена лъжичка смлян бял пипер
- 6 супени лъжици несолено масло
- 8 скилидки чесън, смлени на ситно
- 6 лука, нарязани на ситно

ИНСТРУКЦИИ:

a) Поръсете юфката с 1 супена лъжица сусамово масло и разбъркайте, за да покриете. Заделени.

b) В малка купа разбъркайте заедно кафявата захар, соса от стриди, светлата соя и белия пипер. Заделени.

c) Загрейте уок на средно силен огън и разтопете маслото. Добавете чесъна и половината лук. Запържете за 30 секунди.

d) Изсипете соса и разбъркайте, за да се смеси с маслото и чесъна. Оставете соса да заври и добавете фидето. Хвърлете юфката, за да се покрие със соса, докато се загрее.

98. Сингапурска юфка

СЪСТАВ:

- ½ килограма сушени оризови фиде
- ½ фунт средни скариди, обелени и без жилки
- 3 супени лъжици кокосово масло, разделени
- Кошерна сол
- 1 малка глава бял лук, нарязана на ситно
- ½ зелена чушка, нарязана на тънки ивици
- ½ червена чушка, нарязана на тънки ивици
- 2 скилидки чесън, смлени на ситно
- 1 чаша замразен грах, размразен
- ½ фунт китайско печено свинско, нарязано на тънки ивици
- 2 супени лъжици къри на прах
- Прясно смлян черен пипер
- Сок от 1 лайм
- 8 до 10 стръка пресен кориандър

ИНСТРУКЦИИ:

a) Оставете голяма тенджера с вода да заври на силен огън. Изключете котлона и добавете фидето. Накиснете за 4 до 5 минути, докато юфката стане непрозрачна. Внимателно отцедете фидето в гевгир. Изплакнете юфката със студена вода и я оставете настрана.

b) В малка купа подправете скаридите с рибения сос (ако използвате) и оставете настрана за 5 минути. Ако не желаете да използвате рибен сос, вместо това използвайте щипка сол, за да подправите скаридите.

c) Загрейте уок тиган на средно силен огън, докато капка вода цвърчи и се изпари при контакт. Изсипете 2 супени лъжици кокосово масло и завъртете, за да покриете основата на уока. Подправете маслото, като добавите малка щипка сол. Добавете скаридите и ги запържете за 3 до 4 минути или докато скаридите порозовеят. Прехвърлете в чиста купа и оставете настрана.

d) Добавете останалата 1 супена лъжица кокосово масло и завъртете, за да покриете уока. Запържете лука, чушките и чесъна за 3 до 4 минути, докато лукът и чушките омекнат. Добавете граха и го запържете, докато се загрее, около още една минута.

e) Добавете свинското и върнете скаридите в уока. Разбъркайте заедно с кърито и подправете със сол и черен пипер. Добавете юфката и разбъркайте, за да се комбинират. Юфката ще придобие брилянтен златистожълт цвят, докато продължавате внимателно да я разбърквате с другите съставки. Продължете да пържите и разбърквате за около 2 минути, докато юфката се загрее.

f) Прехвърлете юфката в чиния, поръсете със сока от лайм и украсете с кориандъра. Сервирайте веднага.

99. Стъклена юфка със зеле Напа

СЪСТАВ:

- ½ фунта сушени сладки картофени юфка или юфка от боб мунг
- 2 супени лъжици лек соев сос
- 2 супени лъжици тъмен соев сос
- 1 супена лъжица сос от стриди
- 1 чаена лъжичка захар
- 2 супени лъжици растително масло
- 2 обелени резена пресен джинджифил
- Кошерна сол
- 1 чаена лъжичка съчуански черен пипер
- 1 малка глава напа зеле, нарязана на хапки
- ½ килограм зелен фасул, подрязан и наполовина
- 3 лука, едро нарязани

ИНСТРУКЦИИ:

a) В голяма купа размекнете юфката, като я накиснете в гореща вода за 10 минути или докато омекне. Внимателно отцедете фидето в гевгир. Изплакнете със студена вода и оставете настрана.

b) В малка купа смесете заедно светлата соя, тъмната соя, соса от стриди и захарта. Заделени.

c) Загрейте уок тиган на средно силен огън, докато капка вода цвърчи и се изпари при контакт. Налейте олиото и завъртете, за да покриете основата на уока. Подправете маслото, като добавите джинджифила, малка щипка сол и съчуанските зърна черен пипер. Оставете джинджифила да цвърчи в маслото за около 30 секунди, като го разбърквате внимателно. Извадете джинджифила и зърната черен пипер и ги изхвърлете.

d) Добавете зелето напа и зеления фасул към уока и запържете, като разбърквате, като разбърквате и обръщате за 3 до 4 минути, докато зеленчуците повехнат. Изсипете соса и разбъркайте, за да се комбинират.

e) Добавете юфката и разбъркайте, за да се комбинират със соса и зеленчуците. Покрийте и намалете топлината до средна. Гответе 2 до 3 минути или докато юфката стане прозрачна и зеленият фасул омекне.

f) Увеличете топлината до средно висока и открийте уока. Запържете, като разбърквате и загребвате още 1 до 2 минути, докато сосът леко се сгъсти. Прехвърлете в чиния и гарнирайте с лука. Сервирайте горещ.

100. Хака юфка

СЪСТАВ:

- ¾ паунд прясна юфка на основата на брашно
- 3 супени лъжици сусамово масло, разделени
- 2 супени лъжици лек соев сос
- 1 супена лъжица оризов оцет
- 2 супени лъжици светлокафява захар
- 1 чаена лъжичка шрирача
- 1 чаена лъжичка масло от чили
- Кошерна сол
- Смлян бял пипер
- 2 супени лъжици растително масло
- 1 супена лъжица обелен и ситно смлян пресен джинджифил
- ½ глава зелено зеле, настъргано
- ½ червена чушка, нарязана на тънки ивици
- ½ глава червен лук, нарязан на тънки вертикални ивици
- 1 голям морков, обелен и жулиен
- 2 скилидки чесън, смлени на ситно
- 4 лука, нарязани на ситно

ИНСТРУКЦИИ:

a) Оставете тенджера с вода да заври и сварете юфката според инструкциите на опаковката. Отцедете, изплакнете и хвърлете с 2 супени лъжици сусамово масло. Заделени.

b) В малка купа разбъркайте заедно светлата соя, оризовия оцет, кафявата захар, шрирача, чили маслото и по една щипка сол и бял пипер. Заделени.

c) Загрейте уок тиган на средно силен огън, докато капка вода цвърчи и се изпари при контакт. Налейте растителното масло и завъртете, за да покриете основата на уока. Подправете маслото, като добавите джинджифила и малка щипка сол. Оставете джинджифила да цвърчи в маслото за около 10 секунди, като го разбърквате внимателно.

d) Добавете зелето, чушката, лука и моркова и разбърквайте за 4 до 5 минути, или докато зеленчуците омекнат и лукът започне леко да се карамелизира. Добавете чесъна и запържете, докато се появи аромат, още около 30 секунди. Разбъркайте сместа със соса и оставете да заври. Намалете котлона до среден и оставете соса да къкри за 1 до 2 минути. Добавете лука и разбъркайте, за да комбинирате.

e) Добавете юфката и разбъркайте, за да се комбинират. Увеличете топлината до средно висока и пържете при разбъркване за 1 до 2 минути, за да загреете юфката. Прехвърлете в чиния, полейте с останалата 1 супена лъжица сусамово масло и сервирайте горещо.

ЗАКЛЮЧЕНИЕ

Takeout at Home не е просто готварска книга, а пътешествие из разнообразния и ароматен свят на китайската кухня. Със своите 100 апетитни рецепти, всяка придружена от красиво оцветено изображение, тази готварска книга предоставя вдъхновение и насоки за копиране на любимите ви китайски ястия за вкъщи у дома.

Докато изследвате различните рецепти, ще откриете тайните зад смелите и сложни вкусове на китайската кухня. Ще научите също как да използвате традиционни китайски съставки и техники, за да издигнете домашното си готвене на следващото ниво.

Докато стигнете до края на тази готварска книга, ще сте придобили нова оценка за изкуството на китайската кухня и безкрайните възможности, които предоставя. Независимо дали искате да впечатлите гостите си на вечеря или просто да се насладите на вкусна храна със семейството си, Takeout у дома ще се превърне в ценен ресурс, към който ще се връщате отново и отново

CPSIA information can be obtained
at www.ICGtesting.com
Printed in the USA
LVHW081921220323
742311LV00009B/649

9 781783 572540